Az Atya,
az Én nevemben,
megadja néktek

Dr. Jaerock Lee

*„Bizony, bizony mondom néktek,
hogy a mit csak kérni fogtok az Atyától az én nevemben, megadja néktek.
Mostanáig semmit sem kértetek az Atyától az én nevemben:
kérjetek és megkapjátok, hogy a ti örömetek teljes legyen."*
(János 16:23-24)

Az Atya, az Én nevemben, megadja néktek, Szerző: Dr. Jaerock Lee
Kiadja az Urim Books (Képviselő:Seongnam Vin)
73, Yeouidaebang-ro 22-gil, Dongjak-gu, Szöul, Korea
www.urimbooks.com

Ez a könyv vagy annak részei nem reprodukálható semmilyen formában, nem tárolható előhívható rendszerben, nem sokszorosítható semmilyen formában vagy eszköz által, elektronikus, mechanikai vagy fénymásolt, rögzített vagy más formában, a kiadó előzőleges írásos beleegyezése nélkül

Hacsak másként nem jelöltük, az összes bibliai idézet a Károli Szent Bibliából származik. Engedéllyel felhasználva.

Szerzői jog Copyright © 2018 Dr. Jaerock Lee
ISBN: 979-11-263-0441-7 03230
Fordítási jog Copyright © 2013 Dr. Esther K. Chung. Engedéllyel felhasználva.

Korábban koreai nyelven kiadva az Urim Books által 1992-ben

Első kiadás 2018 szeptember

Szerkesztő: Dr. Geumsun Vin
Szerkesztette az Urim Books Kiadói Hivatala
Nyomtatva a Prione Printing által
További információért lépjen kapcsolatba a következő címen:
urimbook@hotmail.com

Üzenet a kiadásról

*„Bizony, bizony mondom néktek,
hogy a mit csak kérni fogtok az Atyától az én nevemben,
megadja néktek."*
(János 16:23)

A kereszténység olyan hit, amelyben az emberek Jézus Krisztuson keresztül találkoznak az élő Istennel, és megtapasztalják az Ő munkáját.

Mivel Isten Mindenható, és megteremtette a mennyet és a földet, valamint irányítja az univerzum történelmét, mint ahogy az életet és halált, átkot és áldást, amely az emberre hull, Ő választ ad a gyermekei imájára, és azt kívánja, hogy olyan áldott életük legyen, amely méltó Isten gyermekeihez.

Bárki, aki Isten igaz gyermeke, magában hordja azt a tekintélyt, amely Isten gyermekeinek sajátja. Ezzel a tekintéllyel olyan életet kell élnie, amelyben minden lehetséges, semmit nem szabad hiányolnia, és áldásokat kell élveznie anélkül, hogy mások ellen irigységet vagy féltékenységet érezne magában. Azzal, hogy túláradóan gazdag, erős és sikeres életet él, dicsőséget ad Istennek az életével.

Annak érdekében, hogy ilyen áldott élete legyen, meg kell értenie az embernek a spirituális birodalom törvényét, Isten válaszait, és mindent meg kell kapnia, amit kér Istentől a Jézus Krisztus nevében.

Ez a munka egy ige-ás üzenetgyűjtemény, amelyeket a múltban az összes hívőnek prédikáltam, főként azoknak, akik kételyek nélkül, mindenekfölött hisznek a Mindenható Istenben, és olyan életet akarnak élni, amely tele van Isten válaszaival.

Legyen ez a könyv, *Az Atya, az Én nevemben, megadja néktek*, egy kézikönyv, mely minden hívőt elvezet arra, hogy higgyen a spirituális birodalom törvényében, Isten válaszai alapján, és képessé teszi őket arra, hogy mindent megkapjanak, amit imában kérnek, a Jézus Krisztus nevében imádkozom! Köszönettel tartozom Istennek, amiért megengedte, hogy ez a könyv, mely az Ő drága Szavát tartalmazza, megszülessen, és őszinte hálámat fejezem ki azoknak, akik buzgón dolgoztak ennek az igyekezetnek a megvalósulásán.

Jaerock Lee

Tartalomjegyzék

Az Atya, az Én nevemben, megadja néktek

Üzenet a kiadásról

Első Fejezet
Hogyan kaphatjuk meg Isten válaszait 1

Második fejezet
Még most is kérnünk kell Őt 15

Harmadik fejezet
A spirituális törvény Isten válaszairól 25

Negyedik fejezet
Tedd tönkre a bűn falát 39

Ötödik fejezet
Azt aratod le, amit elvetettél 51

Hatodik fejezet
Elizeus megkapja Isten válaszát a tűzön keresztül 65

Hetedik fejezet
A szíved vágyainak beteljesítése 75

Első Fejezet

Hogyan kaphatjuk meg Isten válaszait

Fiacskáim, ne szóval szeressünk,
se nyelvvel; hanem cselekedettel és valósággal.
És erről ismerjük meg, hogy mi az igazságból vagyunk,
és így tesszük bátorságosakká ő előtte a mi szíveinket.
Hogy ha vádol minket a szív,
mivelhogy nagyobb az Isten a mi szívünknél, és mindent tud.
Szeretteim, ha szívünk nem vádol minket,
bizodalmunk van az Istenhez; És akármit kérjünk,
megnyerjük tőle, mert megtartjuk az ő parancsolatait,
és azokat cselekeszszük, a mik kedvesek előtte.

1 János 3:18-22

Isten gyermekeinek egyik nagy örömforrása az, hogy a Mindenható él, megválaszolja az imáikat, és mindenben a javukra dolgozik. Azok, akik hisznek ebben, buzgón imádkoznak, hogy bármit megkapjanak, amit kérnek Istentől, és Őt dicsőítsék, a szívük megelégedettségére.

Az 1 János 5:14 ezt tartalmazza: *„És ez az a bizodalom, a melylyel ő hozzá vagyunk, hogy ha kérünk valamit az ő akarata szerint, meghallgat minket."* Ez a vers arra emlékeztet, hogy ha Isten akarata szerint kérünk, megvan a jogunk, hogy bármit kérjünk Tőle. Függetlenül attól, hogy milyen gonosz egy szülő, ha a gyereke kenyeret kér tőle, nem fog követ adni neki, és ha a gyerek halat kér, az anya nem fog követ adni neki. Mi akadályozhatná meg Istent, akkor, hogy jó ajándékokat adjon nekik, ha ezt kérik Tőle?

Amikor a kánaáni asszony a Máté 15:21-28-ban Jézus elé jött, nem csak az imáira kapott választ, hanem a szíve kívánsága is teljesült. Bár a lánya szörnyű démon általi megszállottságban szenvedett, az asszony megkérte Jézust, hogy gyógyítsa meg őt, mivel elhitte, hogy bármi lehetséges azok számára, akik hisznek. Mit gondolsz, mit tett meg Jézus ennek az idegen asszonynak, akik megkérte, hogy gyógyítsa meg a lányát, mivel nem adta fel soha? Ahogy a János 16:23-ban látjuk: *„És azon a napon nem kérdeztek majd engem semmiről. Bizony, bizony mondom néktek, hogy a mit csak kérni fogtok az Atyától az én nevemben, megadja néktek,"* amikor látta az asszony hitét, Jézus azonnal megadta neki, amit kért. *„Óh asszony, nagy a te hited!*

Legyen néked a te akaratod szerint" (Máté 15:28).
Milyen csodálatos és édes Isten válasza! Ha hiszünk az élő Istenben, mint az Ő gyermekeinek, hálát kell adnunk Neki, mert mindent megkapunk Tőle, amit kérünk. Azzal a bibliai részlettel, amelyen a jelen fejezet alapszik, nézzük meg, hogyan kaphatjuk meg Isten válaszait.

1. Hinnünk kell Istenben, aki megígéri nekünk, hogy válaszokat ad nekünk

A Biblia által Isten megígérte nekünk, hogy megválaszolja az imánkat és a kérelmeinket. Ezért, ha nem kételkedünk ebben az ígéretben, buzgón kérhetünk, mert meg fogjuk kapni, amit kérünk Istentől.

A Számok 23:19 ezt tartalmazza: *„Nem ember az Isten, hogy hazudjék és nem embernek fia, hogy megváltozzék. Mond-é ő valamit, hogy meg ne tenné? Igér-é valamit, hogy azt ne teljesítené?"* A Máté 7:7-8-ban Isten ezt ígéri nekünk: *„Mert a ki kér, mind kap; és a ki keres, talál; és a zörgetőnek megnyittatik."*

A Bibliában mindenütt találunk utalásokat Isten ígéretére, hogy válaszol nekünk, ha az Ő akaratatának megfelelően kérünk. Álljon itt néhány példa:

> *„Azért mondom néktek: A mit könyörgéstekben kértek, higyjétek, hogy mindazt megnyeritek, és meglészen néktek"* (Márk 11:24).

"Ha én bennem maradtok, és az én beszédeim bennetek maradnak, kérjetek, a mit csak akartok, és meglesz az néktek" (János 15:7).

"És akármit kértek majd az én nevemben, megcselekszem azt, hogy dicsőíttessék az Atya a Fiúban" (János 14:13).

"Akkor segítségre hívtok engem, és elmentek és imádtok engem, és meghallgatlak titeket. 13És kerestek engem és megtaláltok, mert teljes szívetekből kerestek engem" (Jeremiás 29:12-13).

"És hívj segítségül engem a nyomorúság idején, én megszabadítlak téged és te dicsőítesz engem" (Zsoltárok 50:15).

Isten ígéretei mind az Ó-mind az Újtestamentumban megtalálhatóak. Ha egyetlen bibliai vers lenne, ami erre az ígéretre vonatkozik, ehhez a vershez nagyon ragaszkodnánk, és imádkoznánk, hogy az Ő válaszait megkapjuk. Azonban, mivel ez az ígéret számtalanszor megjelenik a Bibliában, el kell hinnünk, hogy Isten valóban él, és hogy Ő ugyanúgy működik tegnap, mint ma, és mint örökké (Zsidók 13:8).

Sőt, a Biblia számos olyan asszonyról és férfiról mesél, akik hittek Isten szavában, kértek Tőle, és válaszokat kaptak Tőle. Ezeknek az embereknek a hitére és a szívére kell hogy hasonlítsunk, és a saját életünket úgy kell hogy irányítsuk, hogy mindig megkapjuk az Ő válaszait.

Amikor Jézus ezt mondta egy bénának a Márk 2:1-12-ben: *„Hogy pedig megtudjátok, hogy az ember Fiának van hatalma e földön a bűnöket megbocsátani, monda a gutaütöttnek: Mondom néked, kelj föl, vedd fel a te nyoszolyádat, és eredj haza,"* a béna felállt, és eléjük állt, hogy teljesen láthassák, és akik ezt látták, csak dicsérni tudták Istent.

Máté 8:5-13-ban egy százados Jézus elé állt, hogy az otthon lévő, béna szolgájáért kérjen, és ezt mondta Neki: *„Csak egy szót szólj, és a szolgám meggyógyul"* (8. vers). Tudjuk, hogy amikor Jézus ezt mondta a századosnak: *„Eredj el, és legyen néked a te hited szerint."* a százados szolgája még abban az órában meggyógyult (13. vers).

Egy leprás a Márk 1:40-42-ben odajött Jézushoz, és térden állva könyörgött neki: *„Ha akarod, megtisztíthatsz engem"* (40. vers). Mivel együttérzés öntötte el a leprással szemben, Jézus megérintette az embert, és ezt mondta neki: *„Akarom, légy tiszta!"* (41. vers) Azt látjuk, hogy a lepra elhagyta az embert, és meggyógyult.

Isten megengedi az embereknek, hogy bármit megkapjanak, mit Tőle kérnek, a Jézus Krisztus nevében. Isten azt is akarja, hogy az emberek higgyenek Benne, mert Ő megígérte, hogy választ ad az imáikra, ha imádkoznak Hozzá állhatatos szívvel anélkül, hogy feladnák, és ha az Ő áldott gyermekeik lesznek.

2. Azok az imák, amelyeket Isten nem válaszol meg

Amikor az emberek hisznek, és Isten akaratának megfelelően imádkoznak, az Igéje szerint élnek, és úgy halnak meg, mint egy búzaszem, Isten észreveszi a szívüket és az elkötelezettségüket, és megválaszolja az imájukat. Azonban, ha vannak olyanok, akik annak ellenére sem kapnak válaszokat, hogy imádkoznak, mi lehet ennek az oka? A Bibliában sok ember volt, aki nem kapott válaszokat Istentől, annak ellenére, hogy imádkozott. Ha megnézzük az okokat, hogy miért történt ez, látjuk, hogy nekünk meg kell tanulnunk, hogyan kaphatunk válaszokat Tőle.

Először: ha bűnt tárolunk a szívünkben, és imádkozunk, Isten azt fogja mondani: nem válaszolja meg az imánkat. A 66:18 Zsoltár ezt mondja nekünk: *„Ha hamisságra néztem volna szívemben, meg nem hallgatott volna az én Uram,"* és Ézsaiás 59:1-2 erre emlékeztet bennünket: *„Ímé, nem oly rövid az Úr keze, hogy meg ne szabadíthatna, és nem oly süket az ő füle, hogy meg nem hallgathatna; Hanem a ti vétkeitek választanak el titeket Istenetektől, és bűneitek fedezték el orczáját ti előttetek, hogy meg nem hallgatott."* Mivel az ellenséges ördög közbelép az imánkba a bűnünk miatt, ezért az ima csak a levegőt fogja legyőzni, és el sem éri Isten trónját.

Másodszor: ha úgy imádkozunk, hogy a testvérünkkel nem vagyunk egyetértésben, Isten nem fog válaszolni nekünk. Mivel a Mennyei Atyánk csak akkor bocsát meg nekünk, ha mi is megbocsátunk a testvéreinknek, a szívünk mélyéről (Máté 18:35), az imánk el sem juthat Istenhez, és nem is válaszolhatja meg.

Harmadszor: ha azért imádkozunk, hogy a vágyainkat, sóvárgásunkat kielégítsük, Isten nem válaszol az imánkra. Ha nem vesszük figyelembe az Ő dicsőségét, hanem a bűnös természetünk szerint imádkozunk, hogy amit Tőle kapunk, a saját kényünkre költsük, Isten ekkor sem fog válaszolni nekünk (Jakab 4:2-3). Például, egy engedelmes és tanulós lánynak az apja bármikor ad pénzt, ha ő kéri. Egy engedetlen lány, akit nem érdekel a tanulás, lehet, hogy nem kap pénzt az apjától, vagy ha ad is, aggódni fog az apa, nehogy elköltse rossz dolgokra. Ugyanígy, ha rossz okokból kérünk, vagy azért, hogy a bűnös természetünk kívánságait kielégítsük, Isten nem válaszol nekünk, mert a pusztulás útjára tértünk.

Negyedszer: nem imádkozhatunk, és nem kiálthatunk a bálványimádókért (Jeremiás 11:10-11). Mivel Isten mindennél jobban megveti a bálványokat, a lelkük megmentéséért kell imádkoznunk. Ha bármit kérünk értük, vagy imádkozunk értük, nem fogja Isten megválaszolni.

Ötödször: Isten nem válaszol meg olyan imát, amely tele van

kétellyel, mert csak akkor kaphatunk válaszokat az Úrtól, ha hiszünk, és nem kételkedünk (Jakab 1:6-7). Biztos vagyok benne, hogy sokan közületek láttatok gyógyíthatatlan betegségeket meggyógyulni, és a látszólag megoldhatatlan problémákat megoldódni, amikor az emberek azt kérték, hogy Isten lépjen közbe. Ez azért van, mert Isten azt mondta nekünk: *„Mert bizony mondom néktek, ha valaki azt mondja ennek a hegynek: Kelj fel és ugorjál a tengerbe! és szívében nem kételkedik, hanem hiszi, hogy a mit mond, megtörténik, meg lesz néki, a mit mondott"* (Márk 11:23). Tudnod kell, hogy az az ima, amely tele van kétellyel, nem válaszolható meg, és csak az Isten akaratával megegyező ima hoz tagadhatatlan, biztonságos érzést.

Hatodszor: ha nem engedelmeskedünk Isten parancsolatainak, az imánk nem kap választ. Ha engedelmeskedünk Isten parancsolatainak, és azt tesszük, ami az Ő kedvére van, a Biblia azt mondja, hogy bízhatunk, és bármit megkaphatunk Tőle (1 János 3:21-22). Mivel a Példabeszédek 8:17 ezt mondja nekünk: *„Én az engem szeretőket szeretem, és a kik engem szorgalmasan keresnek, megtalálnak,"* azon emberek imája, akik engedelmeskednek Isten parancsolatainak, mert Őt szeretik (1 János 5:3), biztosan meg lesz válaszolva.

Hetedszer: ha nem vetünk el semmit, nem kaphatunk válaszokat Istentől. A Galateák 6:7 ezt tartalmazza: *„Ne tévelyegjetek, Isten nem csúfoltatik meg; mert a mit vet az* *ember, azt aratándja is,"* és a 2 Korinthusiak 9:6 ezt mondja nekünk: *"Azt [mondom] pedig: A ki szűken vet, szűken is arat; és a ki bőven vet, bőven is arat,"* ha nem vetünk, nem is arathatunk. Ha valaki imát vet, a lelke jól boldogul; ha adakozást vet el, anyagi áldásokban lesz része; ha a cselekedetet veti el, a jó egészség áldását fogja aratni. Összességében azt kell elvetned, amit le akarsz aratni, hogy Isten válaszait megkaphasd.

A fenti feltételek mellett, ha az emberek nem imádkoznak a Jézus Krisztus nevében, vagy nem a szívükből teszik, vagy tovább gagyognak, az imájukra nem fog válasz érkezni. A feleség és a férj közötti nézeteltérés (1 Péter 3:7), vagy a nézeteltérés önmagában nem garantálja Isten válaszait nekik.

Emlékeznünk kell arra, hogy az ilyen kondíciók, mint a fentiek, falat képeznek köztünk és Isten között: el fogja fordítani az Arcát tőlünk, és nem fog válaszolni az imánkra. Ezért, először Isten királyságát és igazságát kell megkeresnünk, és Hozzá kell szólnunk az imánkkal, hogy a szívünk kívánságát megvalósítsuk, és mindig válaszokat kell kapnunk Tőle úgy, hogy a szilárd hithez ragaszkodunk, végig.

3. Az imánkra adott válaszok titka

Amikor valaki elkezdi a Krisztusban töltött életét, spirituális értelemben olyan, mint egy gyerek, és Isten azonnal megválaszolja az imáit. Mivel a személy még nem tudja a teljes igazságot, ha Isten szavát cselekedetben megvalósítja, tanul egy keveset, és Isten úgy válaszol neki, mintha egy gyerek lenne, aki sír a tejért, és elvezeti őt az Istennel való találkozásra. Ahogy folyamatosan meghallja és megérti az igazságot, ki fog nőni a „totyogó" fázisból, és – amilyen mértékben az igazságot a gyakorlatban elülteti – Isten válaszolni fog neki. Ha egy személy kinőtt a „gyerek" állapotból spirituális értelemben, de továbbra is bűnözik, és nem él az Ige szerint, nem kaphat válaszokat Istentől. Innentől kezdve Isten válaszait olyan mértékben kapja meg csak, amilyen mértékben megvalósítja a szentséget.

Ezért, annak érdekében, hogy megkapjuk az Ő válaszait, először meg kell bánnunk a bűneinket, abba kell hagynunk a bűnös cselekedeteinket, és olyan engedelmes életet kell élnünk, amelyben Isten akaratának engedelmeskedünk. Ha az igazságban élünk, miután bűnbánatot tartottunk, és a szívünket rendbe tettük, Isten csodálatos áldásokat küld nekünk. Mivel Jób hite olyan volt, mint a puszta tudás, először morgott Isten ellen, amikor a megpróbáltatások és a szenvedés az útjába állt. Miután Jób találkozott Istennel, és a szívét rendbe tette, megbocsátott a barátainak, és Isten Szava szerint élt. Válaszként Isten kétszer annyira megáldotta Jóbot, mint korábban (Jób 42:5-10).

Jónás egy nagy halban találta magát, mert nem engedelmeskedett Isten szavának. Amikor imádkozott, megbánta bűneit, és hittel hálát adott, Isten megparancsolta a halnak, hogy hányja ki Jónást a szárazföldre (Jónás 2:1-10).

Ha elfordulunk a korábbi dolgainktól, bűnbánatot tartunk és az Úr akarata szerint élünk, valamint hittel kiáltunk Hozzá, az ellenséges ördög eljön hozzánk egy irányból, de hát irányba fog távozni. Természetesen betegségek, a gyerekekkel történt gondok, és pénzügyi gondok – mind megoldódnak. Egy természetű férj átalakul meleg és jó férjjé, és egy békés család, mely Krisztus illatát ontja magából, dicsőíteni fogja Istent.

Ha elfordulunk a dolgainktól, megbánjuk a dolgainkat, és választ kapunk Tőle az imánkra, Istennek dicsőséget kell adnunk oly módon, hogy az örömünkről tanúságot teszünk. Ha a Kedvére teszünk azzal, hogy a tanúságtételünkkel dicsőítjük Őt, Isten nem csak a dicsőséget és a kedvtelést fogadja tőlünk, hanem komolyan ezt kérdi tőlünk: „Mit adjak neked?"

Tegyük fel, hogy egy szülő ajándékot ad a gyerekének, de a fia nem hálás, és nem fejezi ki a háláját semmilyen módon. Lehet, hogy az anya már nem akar többet semmit adni a fiának. Azonban, ha a fiú nagyon értékeli az ajándékot, és az anyja kedvében jár, az anyja nagyon örömteli lesz, és még több ajándékot akar adni a fiának, és ennek megfelelően készül. Ugyanígy, többet fogunk kapni Istentől, ha Őt dicsőítjük, emlékezve, hogy Isten Atyánk örül, ha választ ad a gyermekeinek, és még több ajándékot ad azoknak a gyerekeknek, akik tanúságot tesznek az Ő válaszairól.

Mindannyian kérjünk Isten akarata szerint, mutassuk meg Neki a hitünket, elkötelezettségünket, és kapjunk meg mindent, amit Tőle kérünk. Istennek megmutatni a hitünket és elkötelezettségünket lehet, hogy nehéz feladatnak tűnik, az emberi szemszögből nézve. Azonban, csak ez után a folyamat után, amelynek következtében eldobjuk a kemény bűneinket, amelyek az igazság ellen állnak, vetjük a tekintetünket az örök mennyországra, kapunk válaszokat az imánkra, és építjük fel a jutalmainkat a mennyeik irályságban. Ez után az életünk tele lesz hálával és örömmel, és teljesen érdemteli lesz. Továbbá, az életünk még áldottabb lesz, mert a megpróbáltatásokat és szenvedéseket elkerültük, és Isten utasításai és védelme miatt igaz vigaszt érzünk.

Kérjétek mindannyian, amit szeretnétek, imádkozzatok komolyan, küzdjétek le a bűnt, és engedelmeskedjetek az Ő parancsainak annak érdekében, hogy bármit megkapjatok, amit kértek, minden ügyetekben tegyetek az Ő kedvére, és nagyban dicsőítsétek Istent, a Jézus Krisztus nevében imádkozom ezért!

Második fejezet

Még most is kérnünk kell Őt

„És megemlékeztek a ti gonosz útaitokról és cselekedeteitekről, melyek nem voltak jók, és megútáljátok ti magatokat vétkeitek és útálatosságaitok miatt. Nem ti érettetek cselekszem, ezt mondja az Úr Isten, tudtotokra legyen! Piruljatok és szégyenüljetek meg útaitok miatt, Izráel háza! Ezt mondja az Úr Isten: Azon a napon, melyen megtisztítlak titeket minden vétketektől, azt cselekszem, hogy lakják a városokat, és a romok megépíttetnek. És az elpusztult földet mívelik, a helyett, hogy pusztán hevert minden átmenő szeme láttára; És [ezek] mondják: Ez a föld, ez az elpusztult, olyanná lett, mint az Éden kertje, és a rommá lett s elpusztult s lerontott városokat megerősítve lakják. És megtudják a pogányok, a kik körülöttetek megmaradtak, hogy én, az Úr építettem meg a lerontottakat s plántáltam be a pusztaságot. Én, az Úr mondtam és megcselekedtem. Így szól az Úr Isten: Még arra nézve is kérni hagyom magamat Izráel házának, hogy cselekedjem ő velök: Megsokasítom őket, mint a nyájat, emberekkel."

Ezékiel 36:31-37

A Biblia hatvanhat könyvben végig Isten, aki ugyanaz volt tegnap, mint ma, és mindig ugyanaz marad (Zsidók 13:8) tanúbizonyságot tesz arról, hogy Ő él, és munkálkodik. Mindazok számára, akik hittek a Szavában az Ótestamentum, az Új Testamentum idején, és ma is, Isten hűséggel megmutatta a bizonyítékát az Ő munkájának.

Isten, aki mindennek az Alkotója az univerzumban, és a halál, élet, átok és áldás kormányzója, valamint az emberiség megáldója, megígérte nekünk, hogy „megáld" bennünket, feltéve, hogy hiszünk az Ő szavában, és engedelmeskedünk annak (Deuteronomé 28:5-6), ahogy a Bibliában le van írva. Ha valóban hinnénk ebben a csodálatos cselekedetben, mit hiányolnánk, és mi az, amit nem kaphatnánk meg? A Számok 23:19-ben ezt látjuk: „*Nem ember az Isten, hogy hazudjék és nem embernek fia, hogy megváltozzék. Mond-é ő valamit, hogy meg ne tenné? Igér-é valamit, hogy azt ne teljesítené?*" Isten beszél, és nem cselekszik? Vajon, ígér Ő, és nem teljesít? Továbbá, mivel Jézus megígérte nekünk a János 16:23-ban, hogy: „*Bizony, bizony mondom néktek, hogy a mit csak kérni fogtok az Atyától az én nevemben, megadja néktek,*" Isten gyermekei valóban áldottak.

Ily módon természetes, hogy Isten gyermekei olyan életet élnek, amelyben bármit megkapnak, amit kérnek, és dicsőséget adnak a mennyei Atyának. Miért nem tud a legtöbb keresztény ilyen életet élni? A jelen fejezet bibliai részletének a segítségével nézzük meg, hogyan kaphatunk válaszokat Istentől, mindig.

1. Isten beszélt és beszélni fog, de úgy is, mindig kérnünk kell Őt

Mint Isten választott népe, Izrael népe bőséges áldásokat kapott. Megígérték nekik, hogy ha teljesen követik Isten szavát, és engedelmeskednek Neki, magasan a többi nép fölé emeli őket Isten, megadja, hogy az ellenségeik, akik ellenük lázadnak, vereséget szenvedjenek, és mindent megáld, amire a kezüket teszik (Deuteronomé 28:1, 7, 8). Ilyen áldások szálltak az izraelitákra, amikor Isten szavának engedelmeskedtek, de amikor rosszat tettek, bálványokat imádtak, Isten dühe miatt rabságba kerültek, és a földjüket tönkretették.

Ekkor Isten azt mondta Izraelnek, hogy ha a nép megbánja a bűneit, és elfordul a gonosz dolgoktól, megengedi, hogy a puszta föld termést hozzon, és a helyek újjáépüljenek. Sőt, Isten ezt mondta: *„Én, az Úr mondtam és megcselekedtem. Így szól az Úr Isten: Még arra nézve is kérni hagyom magamat Izráel házának, hogy cselekedjem ő velök: Megsokasítom őket, mint a nyájat, emberekkel"* (Ezékiel 36:36-37).

Miért ígérte azt Isten az izraelitáknak, hogy cselekedni fog Ő, de mégis azt kérte tőlük, hogy „kérjenek" Tőle?

Bár Isten tudja, mit kérünk Tőle, mielőtt megszólalnánk (Máté 6:8), Ő ezt is mondta nekünk: *„Kérjetek és adatik néktek; keressetek és találtok; zörgessetek és megnyittatik néktek. Mert a ki kér, mind kap; és a ki keres, talál; és a zörgetőnek megnyittatik. Avagy ki az az ember közületek, a ki,* *ha az ő fia kenyeret kér tőle, követ ád néki? És ha halat kér, vajjon kígyót ád-e néki? Ha azért ti gonosz lételekre tudtok a ti fiaitoknak jó ajándékokat adni, mennyivel inkább ád a ti mennyei Atyátok jókat azoknak, a kik kérnek tőle?!"* (Máté 7:7-11)

Ráadásul Isten végig a Bibliában azt mondja nekünk, hogy kérnünk kell Tőle, és Hozzá kell fordulnunk, hogy Tőle válaszokat kapjunk (Jeremiás 33:3; János 14:14), akkor is, ha már beszélt Ő, és adott válaszokat.

Egyrészt, amikor Isten ezt mondja: „Megteszem," ha hiszünk Neki, és engedelmeskedünk az Ő szavának, meg fogjuk kapni a válaszokat. Másrészt, ha kételkedünk, Istent teszteljük, és nem vagyunk hálásak, hanem ehelyett panaszkodunk, ha megpróbáltatások és szenvedés ér bennünket – összességében: ha nem hiszünk Isten ígéretében – nem kaphatunk válaszokat Tőle. Még ha meg is ígérte Isten: „Megteszem," ez az ígéret csak akkor teljesülhet, ha imánkkal és cselekedeteinkkel kitartunk az ígéret mellett. Nem mondhatjuk, hogy valakinek van hite, ha nem kér, hanem csak az ígéretet nézi, és ezt mondja: „Mivel Isten ezt mondta, biztosan úgy fog történni." Mivel nincs tett, amely követi a szavakat, ezért nem kaphat válaszokat sem.

2. Kérnünk kell Isten válaszait

Először: azért kell imádkoznunk, hogy tönkretegyük a falat, mely köztünk és Isten között van.

Amikor Dávidot Babilonba vitték rabként, miután Jeruzsálem elesett, megtalálta a bibliai írásokat, amelyek tartalmazták Jeremiás próféta próféciáit, és megtudta, hogy Jeruzsálem pusztulása hetven éven át fog tartani. Ez alatt a hetven év alatt – amint Dániel megtudta – Izrael Babilónia királyát fogja szolgálni. Amikor a hetven év letelik, Babilónia királya, az ő királysága, és a kaldeaiak földjét átok éri, és állandóan elhagyatott lesz a bűneik miatt. Bár abban az időben az izraeliták rabok voltak Babilonban, Jeremiás próféciája, mely szerint függetlenek lesznek, és visszatérnek a szülőföldjükre hetven év után, hirtelen örömöt hozott Dánielnek.

Azonban, Dániel nem tudott osztozni a többi zsidóval együtt. Ehelyett Dániel megfogadta, hogy könyörögni fog Istenhez imádsággal, könyörgéssel, böjtöléssel, zsákruhában és hamuval. Megbánta a saját és a zsidók által elkövetett bűnöket, rossz tetteket, gonoszságokat, rebelliót, és elfordult Isten parancsaitól és törvényeitől (Dániel 9:3-19).

Isten nem azt tárta fel Jeremiás próféta által, hogyan fog végződni az izraeliták babiloni fogsága, ő csak azt jósolta meg, hogy hét évtized után lesz annak vége. Mivel Dániel ismerte a spirituális birodalom törvényeit, tudta, hogy a falat, amely Izrael és Isten között volt, először le kell bontani, hogy Isten szava beteljesülhessen. Azzal, hogy ezt tette, Dániel megmutatta a hitét, cselekedettel. Mivel Dániel böjtölt és bűnbánatot tartott, saját maga és a többi zsidó nevében amiatt, hogy Isten ellen rosszal cselekedtek, és ezért Isten elátkozta őket, Isten ezért válaszként lebontotta a bűnfalat, válaszolt Dánielnek, a zsidóknak adott hét hetet, és további titkokat osztott meg vele. Ahogy Isten gyermekeivé válunk, akik az Atya szavai szerint kérnek, rá kell jönnünk, hogy a bűnfal lebontása megelőzi a válaszok érkezését mindig, ezért a bűnfal lebontása a legfontosabb kell hogy legyen.

Másodszor: hittel és engedelmességgel kell imádkoznunk.

Az Exodus 3:6-8-ban olvassuk Isten ígéretét Izrael népéhez, akik egykor Egyiptomban voltak rabszolgák, hogy kihozza őket Egyiptomban, és elvezeti őket a Kánaán földjére, mely tejjel és mézzel folyó föld volt. A Kánaán az a föld, amelyet Isten megígért a zsidóknak, hogy birtokul adja nekik (Exodus 6:8). Esküben fogadta, hogy a leszármazottaiknak adja a földet, és azt parancsolat nekik, hogy menjenek fel (Exodus 33:1-3). Az ígéret földje olyan föld, ahol Isten megparancsolta a zsidóknak, hogy pusztítsák el a bálványokat, és figyelmeztette őket, hogy ne kössenek szövetséget azokkal, akik már ott éltek, vagy az ő isteneikkel, hogy a zsidók ne alkossanak csapdát saját maguk és Isten között. Ez Isten ígérete volt, aki mindig megtartja, amit ígér. Miért nem tudtak mégsem bemenni a zsidók Kánaánba?

Mivel nem hittek Istenben és az Ő hatalmában, Izrael népe morgott Ellene (Számok 14:1-3), és ellentmondott Neki, így nem mehettek be a Kánaán földjére, aminek a küszöbén voltak (Számok 14:21-23; Zsidók 3:18-19). Röviden, bár Isten megígérte a zsidóknak a Kánaán földjét, az ígéret semmit sem ért, amennyiben nem hittek Neki, és nem engedelmeskedtek az Ő szavának. Ha valóban hittek Neki, és engedelmeskedtek Neki, ez az ígéret biztosan beteljesedett volna. Végül, csak Józsué és Káleb – akik hittek Isten szavának – a zsidók leszármazottaival együtt, tudott bemenni a Kánaán földjére (Józsué 14:6-12). Izrael történelmén keresztül jegyezzük meg, hogy csak akkor kaphatunk választ Istentől, ha hiszünk Benne, és engedelmeskedünk Neki, és akkor fog válaszolni, ha hittel kérjük Őt.

Bár Mózes biztosan hitt Isten ígéretében a Kánaánt tekintve, a zsidók nem hittek Isten hatalmában, és ezért – bár Mózes hitt, mégis: ő maga sem mehetett be a Kánaán földjére. Isten munkáját van, hogy egyetlen ember hite válaszolja meg, de máskor csak akkor van válasz, ha mindenkinek van hite, amely elég ahhoz, hogy az Ő munkája megvalósuljon. A Kánaán földjére való bemenetelkor Isten a teljes zsidóság hitét kérte, nem csak a Mózesét. Mivel ezt a fajta hitet nem találta a zsidók között, ezért nem engedte meg, hogy bemenjenek a Kánaán földjére. Jegyezd meg, hogy amikor Isten nem csak egy ember, hanem minden résztvevő hitét kéri, mindenkinek imádkoznia kell hittel és engedelmességgel, és a szívükben mindannyiuknak eggyé kell válni annak érdekében, hogy válaszokat kapjanak Tőle.

Amikor egy nő, aki tizenkét évig szenvedett a vérzéstől, megérintette Jézus köpenyét és meggyógyult, ezt kérdezte Ő: *„Ki érintette meg a ruhámat?"* és megkérte a nőt, hogy az egybegyűltek előtt tanúsítsa a gyógyulását (Márk 5:25-34).

Ha valaki tanúságot tesz Isten munkájáról, amely az ő

életében megnyilvánult, ezzel segít abban, hogy mások hite megerősödjön, és megerősíti őket magukat is abban, hogy az ima embereivé váljanak, akik kérik és megkapják az Ő válaszait. Mivel Isten válaszainak a megérkezése a hit által képessé teszi a hitetleneket, hogy higgyenek, és találkozzanak az élő Istennel, nagyszerű módja annak, hogy dicsőítsék Őt.

Hinni és engedelmeskedni kell a Biblia szavának, és szem előtt kell tartani, hogy még mindig kell tennünk és kérnünk Tőle, annak ellenére, hogy Isten megígérte nekünk: „Beszéltem, és megteszem," hadd kapjuk meg mindig az Ő válaszát, legyünk az Ő áldott gyermekei, és adjunk dicsőséget Neki, a szívünk megelégedésére.

Harmadik fejezet

A spirituális törvény
Isten válaszairól

És kimenvén, méne az
ő szokása szerint az Olajfák hegyére;
követék pedig őt az ő tanítványai is.
És mikor ott a helyen vala, monda nékik:
Imádkozzatok, hogy kísértetbe ne essetek.
És ő eltávozék tőlök mintegy kőhajításnyira;
és térdre esvén, imádkozék, Mondván:
Atyám, ha akarod, távoztasd el tőlem e pohárt;
mindazáltal ne az én akaratom, hanem a tiéd legyen!
És angyal jelenék meg néki mennyből, erősítvén őt.
És haláltusában lévén, buzgóságosabban imádkozék;
és az ő verítéke olyan vala, mint a nagy vércseppek,
melyek a földre hullanak.
És minekutána fölkelt az imádkozástól,
az ő tanítványaihoz menvén,
aludva találá őket a szomorúság miatt,
És monda nékik: Mit alusztok?
Keljetek fel és imádkozzatok,
hogy kísértetbe ne essetek.

Lukács 22:39-46

Isten gyermekei üdvözülnek, és megvan a joguk, hogy bármit kérjenek Istentől, mert megkapják a hitük miatt. Ezért olvassuk a következőt Márk 21:22-ben: *"És a mit könyörgéstekben kértek, mindazt meg is kapjátok, ha hisztek."* Azonban sok ember azon tűnődik, hogy miért nem kap válaszokat Istentől, miután imádkozott, megkérdőjelezik, hogy vajon a kérésük elérte-e Istent, és kételkednek abban, hogy Isten meghallotta az imájukat.

Ahogy ismernünk kell az utat és a megfelelő módszereket ahhoz, hogy gondtalan utazásunk legyen egy bizonyos úti cél felé, az imában is: ha ismerjük a megfelelő módszereket és utakat, csak akkor kaphatunk gyors válaszokat Tőle. Az ima önmagában nem garantálja az Ő válaszait, meg kell tanulnunk a spirituális birodalom törvényét az Ő válaszai tekintetében, és ennek a törvénynek az értelmében kell imádkoznunk.

Nézzük meg a spirituális törvényt Isten válaszairól, és ennek kapcsolatát Isten hét Szellemével.

1. Isten válaszainak spirituális törvénye

Mivel az ima a mindenható Istentől azokat a dolgokat kéri, amelyekre vágyunk, és szükségünk van, csak akkor kaphatunk válaszokat rá, ha ismerjük a spirituális birodalom törvényét. Függetlenül attól, hogy mennyi erőfeszítést tesz a gondolatai, módszerei, hírneve és tudása alapján, az ember számára mindez nem hozhatja meg az Ő válaszait.

Mivel Isten egy igazságos Bíra (Zsoltárok 7:11), aki meghallja az imánkat, és válaszol rá, a válaszaiért cserébe egy megfelelő összeget kér tőlünk. Isten válaszai az imánkra ahhoz hasonlít, amikor húst vásárolunk egy hentestől. Ha a hentest Istenhez hasonlítjuk, akkor a mérlege, amelyet használ, lehet az eszköz, amellyel Isten mér a spirituális birodalom törvénye alapján, függetlenül attól, hogy kapunk vagy nem válaszokat. Tegyük fel, hogy egy hentestől vásárolunk két kiló marhahúst. Amikor elmondjuk, mennyi húsra van szükségünk, a hentes megméri a húst, és ellenőrzi, hogy nyom két fontot, vagy sem. Ha a hús két fontot nyom, a hentes megkapja tőlünk a megfelelő pénzösszeget a két kiló marhahúsért, becsomagolja a húst, és ideadja nekünk.

Ugyanígy, míg Isten válaszol az imádságunkra, mindig kap tőlünk valamit cserébe, amely indokolja a Válaszait. Ez a szellemi birodalom törvénye az Isten válaszaival kapcsolatban.

Isten meghallgatja imáinkat, elfogadja tőlünk a megfelelő értéket, majd válaszol nekünk. Ha valaki még nem kapott választ az imájára, ez azért van, mert még nem mutatta be Istennek az összeget, amely illik a Válaszaihoz. Mivel a szükséges mennyiség ahhoz, hogy megkapjuk a válaszokat, függ az ember imájának tartalmától, addig, amíg megkapja azt a fajta hitet, amellyel tudja fogadni Isten válaszait, imádkoznia kell, és fel kell halmoznia a szükséges összeget. Bár nem tudjuk pontosan, hogy mennyi az illő összeg, amelyet Isten megkövetel tőlünk, Ő tudja. Ezért, ahogy a Szentlélek hangját jobban megfigyeljük, kérnünk kell Istentől néhány dolgot a böjttel, bizonyos dolgokat a megfogadott éjszakai imával, másokat a könnyek imájával, és megint másokat a hálaadás áldozatával. Az ilyen cselekedet felhalmozza az összeget, mely ahhoz szükséges, hogy Isten választ adjon, mivel Ő megadja nekünk azt a fajta hitet, amellyel tudunk valóban hinni, és megáld minket a válaszaival.

Még ha két ember félrevonul, és egy időben kezdi is el a megfogadott imádságát, azt látjuk: az egyik megkapja Isten válaszát azonnal, miután elkezdte a megfogadott imáját, míg a másik nem kap választ, még a megfogadott ima lejárta után sem. Milyen magyarázatot találhatunk e különbségre?

Mivel Isten bölcs, és a terveket előre elkészíti, ha Ő kijelenti, hogy egy személy rendelkezik azzal a szívvel, amellyel imádkozni fog, amíg a megfogadott imádsága lejár, Ő válaszolni fog a személy kérésére azonnal. Mégis, ha valaki nem kapja meg Istentől a választ a problémájára, amelyet most kell leküzdenie, ez azért van, mert nem teljesítette az Istennek mondott ima mennyiségét, mely méltó az Ő válaszaira. Amikor fogadalmat teszünk, hogy imádkozni fogunk egy bizonyos ideig, tudnunk kell, hogy Isten elvezette a szívünket oda, ahol megkapja a méltó mennyiségű imádságot ahhoz, hogy válaszokat adjon nekünk. Következésképpen, ha nem sikerül felhalmozni a megfelelő összeget vagy mennyiséget, nem kapunk Istentől válaszokat.

Például, ha valaki imádkozik a jövendőbeli házastársáért, Isten keres neki egy megfelelő menyasszonyt, és előkészíti azt, hogy úgy dolgozzon Ő, hogy a férfinek jó legyen, mindenben. Ez nem jelenti azt, hogy a megfelelő menyasszony megjelenik az ember szeme előtt annak ellenére, hogy még nincs abban a korban, hogy megnősüljön, és csak, mert imádkozott érte. Mivel Isten azoknak válaszol, akik úgy vélik, hogy megkapták az Ő válaszát, az Általa kiválasztott időben felfedi a Munkáját nekik. Azonban, ha az ember imája nem felel meg az Ő akaratának, nincs az a mennyiségű imádság, amely garantálná Isten válaszait. Ha ugyanez az ember a jövőbeli menyasszonyának a külső feltételeiről imádkozott, mint a végzettsége, megjelenése, gazdagsága, hírneve és hasonlók – más szóval, az imádság a kapzsiság keretében alakult ki az elméjében – Isten nem fog válaszolni neki.

Még ha két ember Istenhez pontosan ugyanabban a problémában imádkozik is, mivel a megszentelődésük és a hitük mértéke különböző, amelyek segítségével teljesen hinni tudnak, az imájuk mennyisége is más, amit Isten kap tőlük (Jelenések 5:8). Lehet, hogy egyikük Isten válaszát egy hónap alatt, míg a másik egy nap múlva kapja meg.

Ráadásul minél nagyobb a jelentősége, Isten válaszának az ember imájára, annál nagyobb mennyiségű imát kell elmondania. A szellemi birodalom törvénye szerint, egy nagy edény nagyobb tesztelésnek fog elébe nézni, és úgy diadalmaskodik, mint egy aranyedény, míg a kis edény kisebb vizsgán fog átmenni, és Isten csak kis mértékben fogja felhasználni. Ezért, nem szabad megítélni másokat, és ezt mondani: „Nézd meg a nehézségét, a hűsége ellenére!" és csalódást okozni Istennek, semmilyen módon. A hit ősatyái közül Mózest negyven évig tesztelték, míg Jakabot húsz évig, és tudjuk, hogy milyen alkalmas edénnyé váltak mindketten Isten szemében, aki használta őket az Ő nagy céljára, miután mindketten kiállták a megfelelő próbatételeiket. Gondoljunk csak a folyamatra, amelyben egy nemzeti labdarúgó csapat kialakul, és kiképzi magát. Ha egy adott játékos készségei méltóvá teszik arra, hogy kiválasszák, csak hosszú idő és az edzésbe való energia-befektetés után tudja képviselni a hazáját.

Függetlenül attól, hogy az általunk kért válasz Istentől nagy vagy kicsi, meg kell mozgatnunk a Szívét, hogy megkapjuk az Ő válaszát. Amikor imádkozunk, hogy megkapjuk, amit Istentől kérünk, Isten meghatódik, és meghallgat minket, ha méltó mennyiségű imát ajánlunk fel Neki, és megtisztítjuk a szívünket, hogy ne legyen bűnfal Isten és köztünk, és hálát adunk Neki hálaadással, örömmel, áldozatokkal, és hasonlókkal, annak jeléül, hogy hiszünk Benne.

2. A kapcsolat a szellemi birodalom törvénye és a Hét Szellem között

Amint megvizsgáltuk a metaforát a hentesről és az ő mérlegéről, láthattuk, hogy a szellemi birodalom törvénye szerint Isten mindenki imádságának a mennyiségét megméri hiba nélkül, és meghatározza, hogy a személy felhalmozott-e méltó mennyiséget az imádságból. Míg a legtöbb ember, amikor egy bizonyos tárgyról véleményt alkot, csak annak alapján teszi, amit lát, Isten a Hét Szellem segítségével alkot véleményt (Jelenések 5:6). Más szóval, ha valakiről azt találja Ő, hogy a Hét Szellem alapján képzettnek minősül, Isten válaszolni fog az imájára.

Mit mér a Hét Szellem?

Először: A Hét Szellem a hit mértékét méri.

A hitben a „spirituális hit" és a „testi hit" létezik. Az a fajta hit, amit a Hét Szellem alapján mérnek, nem olyan, mint a tudás – testi hit – hanem lelki hit, amely él, és cselekedetek követik (Jakab 2:22). Például, van egy jelenet a Márk 9-ben, ahol az apa – akinek a gyermeke, akit démonok szálltak meg, és ezért megnémult – Jézus elé ment (Márk 9:17). Az apa azt mondta Jézusnak: „Én hiszek, segíts a hitetlenségemen!" Itt az apa bevallotta a testi hitét, mondván: „Én hiszek," és kérte Jézust, hogy adjon neki lelki hitet, mondván: „segíts a hitetlenségemen!" Jézus válaszolt az apának azonnal, és meggyógyította a fiút (Márk 9:18-27).

Lehetetlen Istennek tetszeni hit nélkül (Zsidók 11:6). Mégis, mivel tudjuk teljesíteni a szívünk vágyait, ha valóban kérjük Őt, a hittel, amely Istennek tetszik, el tudjuk elérni a szívünk vágyait. Ezért, ha nem kapjuk meg Isten válaszát annak ellenére, hogy ezt mondta nekünk: „Megkapod, mivel hittél," ez azt jelenti, hogy a hitünk még teljes.

Másodszor: a Hét Szellem az ember örömét méri.

Az 1 Thesszalonika 5:16 azt mondja, hogy örvendezzünk mindig, mert Isten akarata az, hogy mindig örüljünk. Ahelyett, hogy örömtelik lennének a nehéz időkben, sok keresztény manapság bezárva találja magát a szorongásba, a félelembe és aggodalomba. Ha valóban hisznek az élő Istenben, a teljes szívükkel, akkor mindig örömtelik lesznek, függetlenül a helyzettől, amelyben találják magukat. Lehetnek örömtelik buzgó reménységgel az örök mennyei királyságban, nem ebben a világban, amely elmúlik rövid időn belül.

Harmadszor: a Hét Szellem az ember imáját méri.

Mivel Isten azt mondja, hogy szüntelenül imádkozzatok (1 Thesszalonika 5:17), és megígéri, hogy azoknak, akik kérik őt (Máté 7:7), érthető, hogy megkapjuk, amit Istentől kérünk az imádságban. Az a fajta imádság, amelyet Isten örömmel fogad, a rendszeres imát jelenti (Lukács 22:39), amikor letérdelünk és imádkozunk, összhangban Isten akaratával. Az ilyen hozzáállással és tartással, természetesen szólítjuk meg Istent teljes szívünkből, és az imádságunk a hit és a szeretet imája lesz. Isten vizsgálja az ilyen imát. Nem csak akkor kell imádkozni, ha szeretnénk valamit, vagy szomorúak vagyunk, vagy gügyögnünk sem szabad az imában, hanem Isten akarata kell imádkoznunk (Lukács 22:39-41).

Negyedszer: a Hét Szellem az ember háláját méri.

Mivel Isten azt parancsolta nekünk, hogy mindenben mondjunk köszönetet (1 Thesszalonika 5:18), akinek van hite, természetesen hálát kell adnia mindenért, teljes szívéből. Mivel Ő elvezetett bennünket a pusztulásba vezető útról az örök élethez vezető útra, hogyan ne lennénk hálásak? Legyünk hálásak azért, hogy Isten találkozik azokkal, akik őszintén keresik Őt és az Ő válaszait. Sőt, még akkor is, amikor szembe kell néznünk sok nehézséggel a rövid életünk során, amíg ezen a világon vagyunk, hálásnak kell lennünk, mert a reményünk megvan az örök égben.

Ötödször: a Hét Szellem azt méri, hogy az ember megtartja vagy sem Isten parancsolatait.

1 János 5:2 ezt mondja nekünk: *„Abból ismerjük meg, hogy szeretjük az Isten gyermekeit, hogyha az Istent szeretjük, és az ő parancsolatait megtartjuk"* és Isten parancsai nem terhesek (1 János 5:3). Az ember szokásos imája, amikor térden áll, és felkiált Istenhez, az Általa érzett szeretetben, ez a szeretet imája, amely a hitből táplálkozik. A hitével, és az ő szeretetével az Isten iránt, az Ő Igéjének megfelelően fog imádkozni.

Mégis, sokan panaszkodnak, hogy nincs válasza Istennek a számukra, amikor nyugat felé mennek, még akkor is, ha a Biblia azt mondja nekik: „Menj keletre." Mindössze annyit kell tenniük, hogy elhiszik, amit a Biblia mond, és betartják a parancsolatokat. Mivel Isten szavát könnyen félreteszik, a helyzeteket a saját gondolataiknak és elméleteiknek megfelelően mérik fel, és a saját előnyeik alapján imádkoznak, Isten elfordítja az arcát tőlük, és nem válaszol nekik. Tegyük fel, hogy megígérted, hogy találkozol a barátoddal egy vasútállomáson New York Cityben, de később rájöttél, hogy inkább busszal mennél a vonat helyett New Yorkba. Nem számít, mennyi ideig vársz a barátodra a buszmegállóban, soha nem fogsz találkozni vele itt. Ha nyugatra mentél, miután Isten azt mondta, hogy, „Menj keletre," akkor nem lehet azt mondani, hogy engedelmeskedtél Neki. Mégis, tragikus és szívszorító, hogy oly sok keresztény rendelkezik ilyen hittel. Ez nem hit, és nem is szeretet. Ha azt mondjuk, hogy szeretjük Istent, csak természetes, hogy betartjuk a Parancsait (János 14:15; 1 János 5:3).

Az Isten iránti szeretet hajtani fog, hogy lelkesen és szorgalmasan imádkozz. Ez viszont az üdvösség gyümölcsét és az evangelizálás és Isten országának és igazságosságának a megvalósítását hozza magával. És a lelked boldogul, és megkapja az ima erejét. Mivel megkapod a választ, és dicsőséget adsz Istennek, és mert úgy gondolod, hogy mindez jutalmat kap majd a mennyben, hálás leszel, és nem fáradsz el. Ha tehát megvalljuk a hitünket Istenben, az csak természetes, hogy engedelmeskedünk a Tízparancsolatnak, valamint a Biblia hatvanhat könyvének.

Hatodszor: a Hét Szellem az ember hűségét méri.

Isten azt akarja, hogy nem csak egy területen, hanem az Ő teljes házában hűségesek legyünk. Továbbá, amint az 1 Korinthusiakhoz 4:2-ben látjuk: *„A mi pedig egyébiránt a sáfárokban megkívántatik, az, hogy mindenik hívnek találtassék,"* teljesen rendjén van az, hogy azok, akiknek Isten-adta feladata van, Istent kérik, hogy megerősítse őket, hogy mindenben hűségesek legyenek, és szavahihetőnek tartsa mindenki őket, akik körülöttük van. Ráadásul hűségesnek kell lenniük otthon és a munkájukban, és – ahogy megpróbálnak mindenben hűségesnek lenni, amiben részt vesznek – a hűségük az igazságban kell hogy megnyilvánuljon.

Hetedszer, utoljára: a Hét Szellem az ember szeretetét méri.
Még ha valaki megfelelőnek is bizonyul a fenti hét szabvány szerint, Isten azt mondja nekünk, hogy szeretet nélkül „semmik" vagyunk, „zörgő cimbalmok", és hogy a legnagyobb a hit, a remény és a szeretet közül a szeretet. Sőt, Jézus betöltötte a szeretet törvényét (Rómaiak 13:10), és mint az Ő gyermekei számára, az a helyes a számunkra, hogy egymást szeretjük.

Ahhoz, hogy Isten választ kapjunk az imánkra, először is meg kell szereznünk a minősítést a Hét Szellem szerint. Azt jelenti-e ez, hogy az új hívők, akik még nem ismerik az igazságot, nem tudja fogadni Isten válaszait?

Tegyük fel, hogy egy kisgyermek, aki nem tud beszélni, egy nap világosan kimondja: „Anyu!" Szülei olyan boldog lesznek, hogy bármit megtesznek a gyereknek, amit csak akar.

Ugyanígy, mivel a hitnek különböző szintjei vannak, a Hét Szellem mindenkit megmér, és ennek megfelelően válaszol. Ezért Isten meghatódik, és örömmel fogadja a kezdő hívő kérdéseit, amikor csak egy kis hitet is felmutat. Amikor a hit második vagy a harmadik szintjére eljutott hívők, akik felhalmozták a hit megfelelő mértékét, kérnek, Isten ezt is örömmel fogadja. Azok a hívők, akik a hit negyedik vagy az ötödik szintjén vannak – mivel Isten akaratának megfelelően élnek, és méltóbb módon imádkoznak Hozzá, azonnal megfelelőnek bizonyulnak a Hét Szellem szerint, és Isten válaszait gyorsabban megkapják.

Összefoglalva, minél magasabb szintű a hit, ahol az ember találja magát – mivel annál jobban tisztában van a szellemi birodalom törvényeivel, és ezeknek megfelelően él – annál gyorsabban megkapja Istentől a válaszokat. Mégis, milyen okból történik az, hogy a kezdők gyakran kapnak gyorsabban választ Istentől? Isten kegyelméből egy új hívő eltelik a Szentlélekkel, és képzett lesz a Hét Szellem szerint, így Isten válaszait gyorsabban megkapja.

Azonban, ahogy megy mélyebbre az igazságban, restté válik, és fokozatosan elveszti az első szerelmét, mivel a lelkesedése kihűl, és a tendenciája az lesz, hogy „elsimítja, ahogy halad."

Az Isten iránti lelkesedésünkben, hadd legyünk megfelelőek a Hét Szellem számára azzal, hogy buzgón az igazságban élünk, megkapunk az Atyánktól mindent, amit az imában kérünk, és áldott életet élünk, amelyben dicsőséget adunk Neki!

Negyedik fejezet

Tedd tönkre a bűn falát

Ímé, nem oly rövid az Úr keze,
hogy meg ne szabadíthatna,
és nem oly süket az ő füle,
hogy meg nem hallgathatna;
Hanem a ti vétkeitek választanak el
titeket Istenetektől,
és bűneitek fedezték el orczáját ti előttetek,
hogy meg nem hallgatott.

Ézsaiás 59:1-2

Isten ezt mondja a gyerekeinek Máté 7:7-8-ban: „*Kérjetek és adatik néktek; keressetek és találtok; zörgessetek és megnyittatik néktek. Mert a ki kér, mind kap; és a ki keres, talál; és a zörgetőnek megnyittatik. Avagy ki az az ember közületek, a ki, ha az ő fia kenyeret kér tőle, követ ád néki?*" és megígéri nekik, hogy megválaszolja az imáikat. Miért nem kap oly sok ember választ az imájára, annak ellenére, hogy Isten megígéri neki?

Isten nem hallja meg a bűnösök imáját, elfordítja az arcát tőlük. Nem tud válaszolni azoknak az imádságára, akik között bűnfal van Istennel szemben. Ezért annak érdekében, hogy jó egészséget élvezhessünk, és azt, hogy minden jó legyen velünk is, miközben a lelkünk boldogul, le kell rombolnunk a bűnfalat köztünk és Isten között, és ez kell hogy legyen a prioritás számunkra.

A különböző elemek feltárásával, amelyek részt vettek a bűnfal felépítésében, arra kérem mindannyiatokat, hogy legyetek az Isten áldott gyermekei, akik megbánják bűneiket, ha van bűnfal köztük és Isten között, és kapjatok meg mindent, amit kértek Istentől, és adjatok dicsőséget Neki.

1. Tegyétek tönkre a bűnfalat, amely azért keletkezett, mert nem hittetek Istenben, és nem fogadtátok el az Urat mint Megmentőtöket

A Biblia azt diktálja, hogy bűn, ha valaki nem hisz Istenben, és nem fogadja el Jézus Krisztust, mint a Megmentőjét (János 16:9). Sokan ezt mondják: „Bűntelen vagyok, mert jó életet éltem," azonban a spirituális tudatlanságuk miatt anélkül mondanak ilyeneket, hogy tudnák: mi a bűn természete. Mivel Isten szava nincs a szívükben, ezek az emberek nem tudják a különbséget az igaz és a hamis között, és nem tudják megkülönböztetni a jót a gonosztól. Sőt, mivel nem tudják mi az igazságosság, és ha a világi szabályok ezt mondják nekik: „Nem vagy olyan gonosz," fenntartás nélkül mondhatják, hogy jók. Függetlenül attól, hogy mennyire jó életet élt valaki – a saját gondolatai alapján – ha visszatekint az életére Isten szavának fényéből, miután elfogadta a Jézus Krisztust – rájön, hogy az élete egyáltalán nem volt „jó."

Ez azért van, mert rájön, hogy a legnagyobb bűne az volt, hogy nem hitt Istenben, és nem fogadta el a Jézus Krisztust. Istennek kötelessége válaszolni azon emberek imájára, akik Jézus Krisztust elfogadták, és az Ő gyermekeivé váltak, míg Isten gyermekeinek joguk van megkapni az Ő válaszait, mert ezt megígérte Ő nekik.

Az ok, amiért Isten gyermekei – akik hisznek Benne, és elfogadták Jézus Krisztust, mint a Megmentőjüket – képtelenek választ kani az imájukra az, hogy nem ismerik be, hogy megbuktak a bennük lévő gonoszság és bűn miatt, amely köztük és Isten között áll. Ezért, még ha fenn is maradnak egész éjjel, és böjtölnek, akkor is: Isten elfordítja az Arcát tőlük, és nem válaszol az imáikra.

2. Töröljétek el a bűnt, amely arról szól, hogy egymást nem szeretitek

Isten azt mondja nekünk, hogy természetes, hogy az Ő gyermekei szeretik egymást (1 János 4:11). Ráadásul, mivel azt mondja nekünk Ő, hogy még az ellenségeinket is szeretnünk kell (Máté 5:44), ha gyűlöljük a testvérünket ahelyett, hogy szeretnénk őt, azt jelenti, hogy ellenkezünk Isten szavával, és ez bűnnek számít.

Mivel Jézus Krisztus megmutatta a szeretetét az emberiség iránt – aki a bűnben és a gonoszságban élt – azzal, hogy elviselte a keresztre feszítést, az a rendes dolog, ha szeretjük a szüleinket, testvéreinket és gyerekeinket. Azonban Isten ellen nagy bűnt jelent, ha olyan felháborító érzéseket táplálunk magunkban, mint a gyűlölet, vagy az, hogy nem bocsátunk meg egymásnak. Isten nem azt kérte tőlünk, hogy olyan szeretetet mutassunk, amilyent Jézus mutatott a kereszten, hogy az emberiséget megmentse a bűnöktől, csak azt kérte tőlünk, hogy a gyűlöletet szeretetté alakítsuk. Miért olyan nehéz megtennünk ezt?

Isten azt mondja nekünk, hogy bárki, aki utálja a testvérét, az egy „gyilkos" (1 János 3:15), és hogy az Atyánk ugyanígy fog bánni velünk, ha nem bocsátunk meg a testvéreinknek (Máté 18:35), és arra biztat bennünket, hogy szeretetet tápláljunk, és ne morcoskodjunk a testvéreinkkel, mert így elkerülhetjük az ítéletet (Jakab 5:9).

Mivel a Szentlélek mindannyiunkban ott lakik, a Jézus

Krisztus szeretete által, akit keresztre feszítettek, és így megmentett a múltbeli, jelenbeli és jövő bűneiktől, mindenkit szerethetünk, ha Előtte bűnbánatot tartunk, elfordulunk a bűneiktől, és az Ő bűnbocsánatát megkapjuk. Azon emberek számára ezen a világon, akik nem hisznek Jézus Krisztusban, nincs bocsánat, akkor sem, ha esetleg bűnbánatot tartanak, és ezek az emberek nem képesek megosztani az igaz szerelmet egymással a Szentlélek útmutatása nélkül.

Még ha a testvéred utál is téged, neked rendelkezned kell azzal a szívvel, amellyel kiállsz az igazság mellett, meg kell értened őt, és meg kell bocsátanod neki, és imádkoznod kell érte szerelemmel, így nem leszel bűnös te magad is. Ha utáljuk a testvéreinket ahelyett, hogy szeretnénk őket, vétkezünk Isten előtt, elveszítjük a Szentlélek teljességét, szerencsétlenek és ostobák leszünk, és minden napunkat siránkozással fogjuk tölteni. Nem várhatunk Istentől választ az imáinkra sem.

Csak a Szentlélek segítségével tudunk szeretni, megérteni, és a testvéreinknek megbocsátani, valamint Istentől bármit megkapni, amit az imánkban kérünk Tőle.

3. A bűnfal lebontása, amelyet azzal építettünk magunk és Isten közé, hogy nem engedelmeskedtünk Isten parancsainak

A János 14:21-ben Jézus ezt mondja nekünk: *„A ki ismeri az én parancsolataimat és megtartja azokat, az szeret* *engem; a ki pedig engem szeret, azt szereti az én Atyám, én is szeretem azt, és kijelentem magamat annak."* Emiatt az 1 János 3:21 ezt mondja nekünk: *"Szeretteim, ha szívünk nem vádol minket, bizodalmunk van az Istenhez."* Más szavakkal, ha bűnfalat állítottunk fel azzal, hogy nem engedelmeskedtünk Isten szavának, nem kaphatunk válaszokat Tőle az imáinkra. Csak ha Isten gyermekei engedelmeskednek az Atyjuk szavának, és azt teszik, ami kedves Neki, kérhetnek bármit Tőle, amit szeretnének, bátran, és kaphatnak meg bármit, amit kérnek.

Az 1 János 3:24 erre emlékeztet bennünket: *"És a ki az ő parancsolatait megtartja, az Ő benne marad és Ő is abban; és abból ismerjük meg, hogy bennünk marad, abból a Lélekből, a melyet nékünk adott."* Azt hangsúlyozza, hogy csak ha valaki szíve tele van az igazsággal, és teljesen odaadja a szívét az Úrnak, valamint a Szentlélek utasítása szerint él, csak ekkor kaphat meg bármit, amit kér, és lehet az élete sikeres minden téren.

Például, ha van száz szoba valaki szívében, és mind a százat az Úrnak adta, a lelke virágozni fog, és minden jól fog menni az életében, mert áldott lesz. Azonban, ha ez a személy csak ötven szobát adott az Úrnak, és a fennmaradó ötvenet a saját maga javára használta fel, nem mindig kaphatja meg Isten válaszát, mivel a Szentlélek utasításait csak fele időben kapja meg, míg az időt arra használta fel, hogy Istent kérdezze a gondolatában, vagy a test vágyainak megfelelően használta fel. Mivel az Urunk mindannyiunkban ott lakozik, még ha van is előttünk akadály, Ő megerősít bennünket, hogy vagy kikerüljük azt, vagy szaladjunk végig rajta. Még ha az árnyék völgyében is vagyunk, utat mutat arra, hogy elkerüljük, mindenben a javunkra dolgozik, és a virágzás útjára vezet bennünket.

Amikor Isten kedvére teszünk azzal, hogy engedelmeskedünk a Parancsainak, akkor Istenben élünk, és Ő bennünk él, és dicsőséget adhatunk Neki, amíg mindent megkapunk Tőle, amit csak kérünk az imánkban. Tegyük tönkre a bűnfalat, amelyet azzal építettünk fel magunk és Isten közé, hogy nem engedelmeskedtünk az Ő szavának, kezdjünk engedelmeskedni ezeknek, Isten előtt legyünk magabiztosak, és adjunk dicsőséget Neki azzal, hogy mindent megkapunk, amit kérünk.

4. Tegyük tönkre a bűnfalat, amelyet azzal hoztunk létre, hogy a saját vágyain kielégítése miatt imádkoztunk

Isten azt mondja nekünk, hogy mindent tegyünk meg az életünkben azért, hogy Őt dicsőítsük (1 Korinthusiak 10:31). Ha bármi másért imádkozunk, mint az Ő dicsősége, akkor a saját kívánságaink és testi vágyaink teljesüléséért imádkozunk, és nem kaphatjuk meg Isten válaszait az ilyen kívánságokra (Jakab 4:3).

Egyrészről, ha anyagi áldásokat akarsz Isten királysága és igazsága megvalósulásáért, a szegények megsegítéséért, és a lelkek üdvösségéért, meg fogod kapni Isten válaszait, mivel valójában az Ő dicsőségét keresed. Másrészről, ha anyagi előnyöket keresel, de azért, hogy ezt mondhasd egy testvérnek, aki megfedd téged: „Hogy lehetsz szegény, ha a templomba jársz?" akkor valójában a gonosznak megfelelően úgy imádkozol, hogy a saját sóvárgásodat kielégítsd, és nem lesz válasz az imádra. Még ezen a világon is, azok a szülők, akik valóban szeretik a gyereküket, nem fognak 100 dollárt adni neki azért, hogy egy játékteremben elköltse. Ugyanígy, Isten nem akarja, hogy az Ő gyerekei rossz útra térjenek, ezért nem válaszol meg minden kérést, amit a gyerekeitől kap.

1 János 5:14-15 ezt mondja nekünk: *„És ez az a bizodalom, a melylyel ő hozzá vagyunk, hogy ha kérünk valamit az ő akarata szerint, meghallgat minket: És ha tudjuk, hogy meghallgat bennünket, akármit kérünk, tudjuk, hogy megvannak a kéréseink, a melyeket kértünk őtőle."* Csak ha kidobjuk a sóvárgásainkat, és Isten akaratának megfelelően imádkozunk, és az Ő dicsőségéért, kapunk meg bármit abból, amit kérünk az imánkban.

5. Bontsuk le a bűnfalat, amit azzal alkottunk, hogy kételkedtünk az imában

Mivel Istennek tetszik, ha megmutatjuk Neki a hitünket, hit nélkül nem lehet Isten kedvére tenni (Zsidók 11:6). Még a Bibliában is találunk olyan eseteket, amelyekben Isten válaszai megtalálták azokat az embereket, akik hitet mutattak Neki (Máté 20:29-34, Márk 5:22-43, 9:17-27, 10:46-52). Ha az emberek nem mutatták ki a hitüket Istenben, akkor is feddést kaptak a „kishitűségük" miatt, ha Jézus tanítványai voltak (Máté 8:23-27).

Amikor az emberek megmutatták a nagy hitüket Neki, még a hitetlen is dicséretet kapott (Máté 15:28).

Isten megdorgálja azokat, akik nem képesek hinni, és egy kicsit is kételkednek (Márk 9:16-29), és azt mondja, hogy ha egy csekély kétely is van bennünk ima közben, nem kaphatunk választ Istentől (Jakab 1:6-7). Más szavakkal, még ha böjtölünk és végigimádkozunk egy éjszakát, akkor is: ha az imánk tele van kétséggel, nem is várhatjuk, hogy megkapjuk Isten válaszait.

Továbbá, Isten erre emlékeztet bennünket: *„Mert bizony mondom néktek, ha valaki azt mondja ennek a hegynek: Kelj fel és ugorjál a tengerbe! és szívében nem kételkedik, hanem hiszi, hogy a mit mond, megtörténik, meg lesz néki, a mit mondott. Azért mondom néktek: A mit könyörgéstekben kértek, higyjétek, hogy mindazt megnyeritek, és meglészen néktek"* (Márk 11:23-24).

Mivel *„Nem ember az Isten, hogy hazudjék és nem embernek fia, hogy megváltozzék"* (4 Mózes 23:19), mint ígérte: Isten valóban válaszol mindazoknak az imájára, akik hisznek, és kérik az Ő dicsőségét. Akik szeretik Istent, és van bennük hit, kötelesek is hinni, és Isten dicsőségét fogják keresni. Ezért mondják azt nekik, hogy bármit kérhetnek, amit akarnak. Mivel hisznek, kérnek, és bármilyen kérésükre választ kapnak, ezek az emberek dicsőséget tudnak adni Istennek. Szabaduljunk meg a kételyeinktől, és kizárólag higgyünk, kérjünk, és kapjunk válaszokat Istentől, hogy dicsőséget tudjunk adni Neki, a szívünk megelégedésére.

6. Bontsuk le a bűnfalat, amit azzal építettünk, hogy nem vetettünk Isten nevében

Mint az univerzum kormányzója, Isten megalapította a spirituális birodalom törvényeit, és mint igazságos Bíra, mindent rendben irányít.

Dáriusz király nem tudta megmenteni a szeretett szolgálóját, Dánielt, az oroszlánok barlangjából, mert még királyként sem mehetett az ellen a szabály ellen, amelyet ő maga alkotott meg, és írt le. Hasonlóan, mivel Isten sem tudja megszegni a spirituális birodalom törvényét, amelyet Ő Maga alkotott meg, minden az univerzumban az Ő felügyelete alatt működik, rendszerszerűen. Ezért, „Istent nem gúnyoljuk," és Ő megengedi, hogy azt arassuk le, amit elvetettünk (Galateák 6:7). Ha valaki imát vet el, spirituális áldásokat arat le, ha az idejét veti el, a jó egészség áldása éri el, ha áldozatokat hoz, Isten megóvja őt a gondoktól a vállalkozásában, otthonában, és még nagyobb anyagi áldásokat ad neki.

Ha vetünk Isten nevében, különböző módokon, Ő válaszol az imádságunkra, és megadja nekünk, amit kérünk. A lelkesen vetünk Isten nevében, ne csak bőséges gyümölcsöt teremjünk, hanem kapjunk meg bármit, amit kérünk Tőle az imánkban.

A fent említett hat bűnfal mellett a „bűn" olyan kívánságokat és testi vágyakat is jelent, mint a hamisság, irigység, düh, büszkeség, valamint az, hogy nem harcolunk a bűneink ellen egészen a vérünk ontásáig akár, és nem vagyunk lelkesek Isten királysága iránt. Azzal, hogy tanulunk, és megérjük, hogy melyek azok a tényezők, amelyek bűnfalat képeznek köztünk és Isten között, bontsuk le ezeket a falakat, kapjunk mindig válaszokat Istentől, ezzel dicsőséget adva Neki. Mindannyiunknak hívővé kell válnunk, akik jó egészségnek örvendünk, és minden ügyünk jól megy előre amellett, hogy a lelkünk boldogul.

Isten szava alapján, ahogy Ézsaiás 59:1-2-ben látjuk, megnéztünk néhány tényezőt, amely köztünk és Isten között állhat. Legyetek mindannyian Isten áldott gyermekei, aki először megérti a fal természetét, jó egészségnek örvend, és minden ügyében sikerrel jár, a lelke virágzik, és dicsőséget mond a mennyei Atyjának, mert mindent megkap, amit kér az imában, a Jézus Krisztus nevében imádkozom ezért!

Ötödik fejezet

Azt aratod le, amit elvetettél

Azt [mondom] pedig:
A ki szűken vet, szűken is arat;
és a ki bőven vet, bőven is arat.
Kiki a mint eltökélte szívében,
nem szomorúságból, vagy kénytelenségből;
mert a jókedvű adakozót szereti az Isten.

2 Korinthusiak 9:6-7

Minden ősszel, láthatjuk az arany hullámokban lengedező érett rizst a mezőn. Ahhoz, hogy a rizst betakarítsák, tudjuk, hogy a termesztők nehéz munkája és elkötelezettsége kellett, amellyel egész tavasszal és nyáron gondoskodtak a növényről.

Az a mezőgazdasági termelő, aki nagy területen gazdálkodik, és több magot vet el, többet küszködik, mint az a termelő, aki kevesebb maggot vet el. De abban a reményben, hogy gazdag termése lesz, még szorgalmasabban és fáradhatatlanabbul dolgozik. Ahogy a természet törvénye azt diktálja, hogy „Azt aratsz, amit elvetettél," tudnunk kell, hogy Isten törvénye – aki a szellemi birodalom tulajdonosa – ugyanezt a mintát követi.

A mai keresztények között vannak, akik arra kérik állandóan Istent, hogy úgy teljesítse a kívánságaikat, hogy nem vetnek el közben semmit, míg mások arra panaszkodnak, hogy nem válaszol nekik Isten, annak ellenére, hogy nagyon sokat imádkoznak. Bár Isten az Ő gyermekeinek túláradóan sok áldást szeretne adni, és minden gondjukra választ szeretne adni, az ember sokszor elfelejti a vetés és aratás törvényét, és így nem kapja meg azt, amit kér Istentől.

Annak alapján, amit a természet törvénye mond nekünk, azaz: „Azt aratunk le, amit elvetettünk," nézzük meg: mit kell elvetnünk a földbe, és hogyan, annak érdekében, hogy mindig megkapjuk Isten válaszait, és fenntartás nélkül adhassunk dicsőséget Neki.

1. A földet először meg kell művelni

Mielőtt a magokat elveti, a földműves meg kell hogy művelje a földet először. Kiszedi a köveket, elegyenlíti a földet, és olyan környezetet teremt, amelyben a magok megfelelően növekedni tudnak. A munkás elkötelezettsége és munkája alapján, még egy puszta, elhagyott földterület is termőfölddé alakítható.

A Biblia minden ember szívét egy mezőhöz hasonlítja, és négy különböző típust különböztet meg (Máté 13:3-9).

Az első típus „az út melletti föld."

Az út mellett levő talaj szilárd. Az ilyen szívvel bíró emberek nem járnak templomba, de még az evangélium meghallása után sem nyitják ki a szívüket. Ezért nem tudják megismerni Istent, és a hit hiánya miatt, nem tudnak megvilágosodni.

A második típus a „sziklás talaj."

Ebben a sziklás földben, mivel kövek vannak benne, a magok nem tudnak rendesen kihajtani. Az ilyen szívű ember úgy ismeri az igét, mint puszta tudás és a hitét nem kíséri tett. Mivel hiányzik a hit bizonyossága, könnyen elesik a megpróbáltatások és szenvedés idején.

A harmadik típus a „tövises föld."

Ezen a tüskés területen, mivel tövisekkel van tele, amelyek megfojtják a növényeket, így jó gyümölcsöt nem lehet betakarítani. Az ilyen szívvel bíró ember hisz Isten szavában, és megpróbálja megélni azt. Azonban, nem Isten akarata szerint él, hanem a testi kívánságainak megfelelően. Mivel a szívébe elvetett ige növekedését megakadályozza a birtoklás és a profit vágya, és a világi érdeklődése, nem teremhet gyümölcsöt. Bár imádkozik, nem képes a „láthatatlan" Istenre támaszkodni, és könnyen a saját gondolataira és módszereire hagyatkozhat. Ezért nem tapasztalhatja meg Isten hatalmát, mivel csak távolról láthatja Őt.

A negyedik típus a „jó föld."

Az a hívő, aki ezzel a jó földdel rendelkezik, csak annyit mond: „Ámen," amikor az Isten szavát hallja, és hittel engedelmeskedik neki anélkül, hogy a saját gondolatait bevonná, vagy kalkulálni kezdene. Amikor ebbe a jó földbe magot vetnek el, az gyümölcsöt hoz százszor, harmincszor vagy hatvanszor többet, mint amennyi magot elvetettek. Jézus csak „Áment" mondott, és hűséges volt Isten szavához (Filippiek 2:5-8). Hasonlóan, egy olyan személy, aki „jó talajjal" rendelkezik, feltétel nélkül hűséges Isten szavához, és annak megfelelően él. Ha az Ige azt mondja neki, hogy mindig legyen örömteli, akkor minden körülmény között az lesz. Ha az Ige azt kéri, hogy állandóan imádkozzon, akkor azt teszi. Az a személy, aki „jó talajjal" bír, és ilyen a szíve is, mindig képes kommunikálni Istennel, bármit megkapni, amit kér az imájában, és az Ő akarata szerint élni.

Függetlenül attól, hogy jelenleg milyen talajjal bírunk, bármikor képesek lehetünk jó talajjá változni. A köves területet felszánthatjuk, a köveket kiszedhetjük, a töviseket eltávolíthatjuk, és a földet megtrágyázhatjuk, bármilyen föld legyen az.

Hogyan változtathatjuk a szívünket „jó termőtalajjá"?

Először: Istent a szellemünkkel és az igazsággal imádnunk kell.

Istennek kell adnunk az elménket, akaratunkat, elkötelezettségünket, erőnket, és szeretettel fel kell ajánlanunk a szívünket Neki. Csak ekkor leszünk védve a kósza gondolatoktól, fáradtságtól, szédüléstől, és tudjuk a szívünket jó földed változtatni az erővel, amit fentről kapunk.

Másodszor: akár a vérünk ontásáig, meg kell szabadulnunk a bűneinktől.

Ahogy teljesen engedelmeskedünk Isten minden szavának, beleértve a „Tedd" ás „Ne tedd" parancsokat, és ezeknek megfelelően élünk, a szívünk fokozatosan jó talajjá alakul. Például, amikor az irigység, a féltékenység, a gyűlölet és hasonlók feltárásra kerülnek magunkban, csak a buzgó imádsággal tudjuk a szívünket jó talajjá alakítani.

Amennyire kielemezzük a szívünk talaját, és szorgalmasan műveljük azt, olyan mértékben fog a hitünk növekedni, és az Isten szeretetében minden dolgunk jól fog működni. A földünket buzgón kell művelnünk, mert minél inkább Isten Igéje szerint élünk, annál nagyobb lesz a spirituális hitünk. Minél nagyobb a spirituális hitünk, annál több „jó talaj" lesz a birtokunkban.

Ezért minél többet kell a szívünket művelnünk.

2. Különböző magokat kell elvetnünk

Amikor a földet megművelte, a földműves elkezdi elszórni a magot. Amint különböző ételeket eszünk meg annak érdekében, hogy az egészségünket fenntartsuk, a földműves is különböző magokat vet el, mint a rizs, búza, növények, bab és hasonlók. Amikor Istennek vetünk, különböző dolgokat kell itt is elvetnünk. Spirituális értelemben a „vetés" azt jelenti, hogy engedelmeskedünk annak, amit Ő mond nekünk. Például, ha Isten azt mondja, állandóan örüljünk, örömmel vethetünk, mert az örömünk onnan táplálkozik, hogy reménykedünk a mennyek országában, és ezt az örömöt Isten szereti, és megadja a szívünk kívánságát (Zsoltárok 37:4). Ha azt mondja nekünk Ő, hogy „Prédikáljátok az evangéliumot," akkor szorgalmasan terjesztenünk kell isten szavát. Ha ezt mondja, hogy „Szeressétek egymást," „Legyetek hűek," „Legyetek hálásak," és „Imádkozzatok," pontosan és szorgalmasan azt kell tennünk, amit kért tőlünk.

Ráadásul, mivel az Isten szava szerinti élet – úgy, mint az adakozás, és a szombat megtartása szentnek – Előtte vetésnek számít, amit elvetünk, ki tud kelni, növekszik, virágzik, majd bőséges gyümölcsöket terem.

Ha szűken és vonakodva vetünk, vagy kényszerből, Isten nem fogadja el az erőfeszítésünket. A földműves ősszel veti el a magot, és ettől remél termést, nekünk is hittel kell a szemünket Istenre szegeznünk, aki százszor, hatvanszor vagy harmincannyiszor megáld bennünket, mint amennyit elvetettünk.

A Zsidók 11:6 ezt tartalmazza: *"Hit nélkül pedig lehetetlen Istennek tetszeni; mert a ki Isten elé járul, hinnie kell, hogy ő létezik és megjutalmazza azokat, a kik őt keresik."* Ha az Ő igéjében bízunk, és az Istenünkre nézünk, aki jutalmaz bennünket, és Előtte vetjük el a magjainkat,, ezen a világon bőségesen fogunk aratni, és a mennyei királyságban pedig fel tudjuk halmozni a javainkat.

3. A földet kitartóan és elkötelezett módon kell gondozni

Miután elveti a vetőmagvakat, a farmer a lehető legnagyobb gondossággal vigyáz a földre. Megöntözi azt, a gyomokat kiszedi, és összeszedi a bogarakat. Ezek nélkül a kitartó erőfeszítések nélkül, a növények tavasszal kikelnének, de elsorvadnának és meghalnának, mielőtt teremnek.

Spirituális értelemben a „víz" Isten szavát jelenti. Ahogy Jézus mondja nekünk János 4:14-ben: *"Valaki pedig abból a vízből iszik, a melyet én adok néki, soha örökké meg nem szomjúhozik; hanem az a víz, a melyet én adok néki, örök életre buzgó víznek kútfeje lesz ő benne."* A víz az örök életet és az igazságot jelképezi. „A bogarak összeszedése" azt jelenti, hogy vigyázunk Isten szavára, amely a szívünkben van elültetve, megvédjük az ellenséges ördögtől. Az imádat, dicséret és ima által a teljesség a szívünkben fenntartható, még akkor is, ha az ellenséges ördög ellenkezik a terepmunkánkkal.

„A mező kigyomlálása" az a folyamat, amelyben dobjuk az olyan dolgokat, mint a hazugságok, düh, gyűlölet, és hasonlók. Ahogy szorgalmasan imádkozunk, és arra törekszünk, hogy eldobjuk a dühöt és a gyűlöletet, a haragot kitépjük, amint egy mag formájában a szeretet felugrik. Amikor a hazugságok már eltűntek, és a zavaró ellenséges ördögöt elkaptuk, akkor nőhetünk csak fel, mint az Ő igaz gyerekei.

A terület gondozásában fontos tényező, miután elvetettük a magot, hogy kitartóan várunk a megfelelő időre. Ha a gazdálkodó hamarosan a magok elvetése után felássa a földet, hogy megnézze: növekednek-e a növények, a magok rothadásnak indulhatnak. Egészen a betakarításig, nagy elkötelezettség és kitartás szükséges

A szükséges idő, amely alatt egy mag termést hoz, eltér minden vetőmagnál. Míg a dinnye vagy a görögdinnye magok kevesebb, mint egy év alatt hoznak gyümölcsöt, az alma-és körtefának néhány év kell erre. A ginzeng gazdálkodó öröme sokkal nagyobb lesz, mint egy görögdinnye termesztőnek, mivel a ginzeng értéke, amelyet évekig művelt, nem hasonlítható össze a görögdinnyével, amelyet rövidebb idő alatt termesztenek.

Ugyanígy, ha Isten nevében vetünk, az Ő szava szerint, lehet, hogy néha azonnal választ kapunk, és betakarítjuk a gyümölcsöt, de máskor ez több időt vehet igénybe. Ahogy a Galateák 6:9 emlékeztet minket: *„A jótéteményben pedig meg ne restüljünk,* *mert a maga idejében aratunk, ha el nem lankadunk,"* amíg az aratás ideje el nem jön, kitartással és odaadással kell gondoznunk a földet.

4. Azt aratod le, amit vetettél

János 12:24-ben Jézus ezt mondja nekünk: *"Bizony, bizony mondom néktek: Ha a földbe esett gabonamag el nem hal, csak egymaga marad; ha pedig elhal, sok gyümölcsöt terem."* Az Ő törvénye szerint, az igazság Istene elültetette Jézus Krisztust, az Ő egyszülött Fiát engesztelő áldozatul az emberiség számára, és megengedte, hogy búzakéve legyen belőle, elessen, és meghaljon. Az Ő halála által, Jézus sok gyümölcsöt termett.

A spirituális birodalom törvénye, hasonlóan a természet törvényéhez, ezt diktálja: „Azt aratod le, amit elvetettél," ez Isten törvénye, amelyet nem lehet megszegni. A Galataeák 6:7-8 kifejezetten ezt mondja nekünk: *"Ne tévelyegjetek, Isten nem csúfoltatik meg; mert a mit vet az ember, azt aratándja is. Mert a ki vet az ő testének, a testből arat veszedelmet; a ki pedig vet a léleknek, a lélekből arat örök életet."*

Ha egy földműves magokat vet el a földjén, a magok típusától függően egyes terméseket hamarabb begyűjthet, mint másokat, és ahogy betakarít, továbbra is veti el a magokat. Minél többet vet a földműves, és minél szorgalmasabban gondozza a földjét, annál nagyobb termése lesz. Ugyanígy, még a kapcsolatunkban Istennel is ez van: azt aratjuk le, amit elvetettünk.

Ha imát és a dicséretet vetsz, a felülről jövő hatalom által meg tudod élni Isten szavát, míg a lelked virágzik. Ha hűségesen dolgozol az Isten királyságáért, bármely betegség elhagy, ahogy megkapod a test és a szellem áldásait. Ha lelkesen vetsz az anyagi javaiddal, a tizeddel, és hálaadási áldozatot mutatsz, nagyobb anyagi áldásban lesz részed, amely lehetővé teszi, hogy az Ő királyságát, és igazságosságát előre vidd.

Az Urunk, aki minden embert annak megfelelően jutalmaz, hogy mit tett, ezt mondja nekünk János 5:29-ben: *„És kijőnek; a kik a jót cselekedték, az élet feltámadására; a kik pedig a gonoszt művelték, a kárhozat feltámadására."* Ily módon, a Szentlélek sugallata alapján kell hogy éljük az életünket, és jót kell cselekednünk az életünkben.

Ha valaki nem a Szentlélekért, hanem a saját vágyaiért vet, csak evilági dolgokat arathat, amelyek múlóak. Ha másokat megmérsz és ítélkezel fölöttük, téged is megmérnek, és elítélnek, ahogy Isten szava mondja: *„Ne ítéljetek, hogy ne ítéltessetek. Mert a milyen ítélettel ítéltek, olyannal ítéltettek, és a milyen mértékkel mértek, olyannal mérnek néktek"* (Máté 7:1-2).

Isten minden bűnünket megbocsát nekünk, amelyeket az előtt követtünk el, hogy elfogadtuk volna Jézus Krisztust. Azonban, ha az után követünk el bűnöket, hogy már tudomásunk volt a bűnről és az igazságról, ha meg is bocsátanak nekünk, mert bűnbánatot tartunk, meg fogják bosszulni rajtunk a bűneinket.

Ha bűnt vetettél, a spirituális birodalom törvénye szerint le fogod aratni a bűnöd gyümölcsét, és szenvedés és megpróbáltatások fognak eléd jönni.

Amikor Isten szeretett fia, Dávid bűnözött, Isten ezt mondta neki: „*Miért vetetted meg az Úrnak beszédét, oly dolgot cselekedvén, mely utálatos ő előtte?*" és „*Mert te titkon cselekedtél; de én az egész Izráel előtt és napvilágnál cselekeszem azt*" (2 Sámuel 12:9; 11). Dávid bűnei megbocsáttattak, amikor bűnbánatot mutatott, „Bűnöztem az Úr ellen," de azt is tudjuk, hogy Isten lesújtott a gyerekre, akit Uriáh felesége szült Dávidnak (2 Sámuel 12:13-15).

Az igazságnak megfelelően kell élnünk, és jót kell cselekednünk, emlékeznünk kell, hogy azt aratjuk le, amit elvetettünk, mindenben, a Szentléleknek kell vetnünk, a Szentlélektől örök életet kell kapnunk, és mindig meg kell kapnunk Isten túláradó áldásait.

A Bibliában sok olyan embert találunk, akik Isten kedvére cselekedtek, ezért bőséges áldást kaptak Tőle. Mivel a sunemi asszony mindig nagy tisztelettel és udvariassággal viselkedett Elizeussal, Isten fiával, valahányszor Elizeus a környéken járt, az asszony házába ment. Miután az asszony megtárgyalta a férjével, hogy egy vendégszobát készítenek Elizeusnak, az asszon előkészített egy szobát egy ággyal, asztallal, székkel és lámpával, arra biztatta a prófétát, hogy maradjon a házukban (2 Királyok 4:8-10).

Elizeus nagyon meghatódott az asszony elkötelezettségét látva. Amikor megtudta, hogy a nő férje idős volt és nem volt gyerekük, és hogy a nőnek minden alma az volt, hogy gyereke szülessen, Elizeus megkérte Istent, hogy adja meg neki a gyerekáldást, és Isten egy év múlva egy fiúgyermeket adott neki (2 Királyok 4:11-17).

Ahogy Isten megígérte a Zsoltárok 37:4-ben: „*Gyönyörködjél az Úrban, és megadja néked szíved kéréseit,*" a sunemi asszony megkapta a szíve vágyát, mert Isten szolgáját gondossággal és elkötelezettséggel kezelte (2 Királyok 4:8-17).

Az Apostolok cselekedetei 9:36-40-ben egy rekord egy nő Joppéban, akit Tabithának hívtak, bővelkedett a kedvesség és a szeretet cselekedeteivel. Amikor megbetegedett és meghalt, a tanítványok jelentették a hírt Péternek. Amikor megérkezett a helyszínre, az özvegyek megmutatták Péternek a köntösöket és egyéb ruházati darabokat, amelyeket Tabitha készített nekik, és könyörgött neki, hogy hozza vissza a nőt az életbe. Pétert mélyen megindította a nők gesztusa, és komolyan imádkozott Istenhez. Amikor azt mondta, „Tabitha, kelj fel," az kinyitotta a szemét, és felült. Mivel Tabitha Isten előtt jót vetett, mert a szegényeket segítette, megkaphatta az élete meghosszabbításának áldását.

Márk 12:44-ban van egy feljegyzés egy szegény özvegyről, aki mindenét odaadta Istennek. Jézus, aki végignézte, hogy egy tömeg Istennek áldoz egy templomban, ezt mondta a tanítványainak: „*Mert azok mindnyájan az ő fölöslegükből vetének; ez pedig az ő szegénységéből, a mije csak volt, mind beveté, az ő egész vagyonát.*" És megdicsérte őt. Nem nehéz kitalálni, hogy az asszony a későbbi életében még több áldásban részesült.

A szellemi birodalom törvénye szerint, az igazság Istene

lehetővé teszi számunkra, hogy amit vetünk, azt arassuk, és attól függően jutalmaz meg minket, hogy mit tettünk mindannyian. Mivel Isten úgy dolgozik, hogy az az egyes egyén hitének megfelelő legyen, meg kell megértenünk, hogy i, hogy mi is megkaphatunk bármit, amit kérünk az imádságban. Ezt szem előtt tartva, mindenki vizsgálja meg a szívét, szorgalmasan alakítsa azt jó talajjá, sok magot vessen, azokat kitartással és elkötelezettséggel ápolja, és bőséges gyümölcsöt teremjen, a mi Urunk Jézus Krisztus nevében imádkozom ezért!

Hatodik fejezet

Elizeus megkapja Isten válaszát a tűzön keresztül

Akkor monda Illés Akhábnak:
Eredj fel, egyél és igyál, mert nagy esőnek zúgása [hallszik.]
És felment Akháb, hogy egyék és igyék.
Illés pedig felment a Kármel hegy tetejére, és leborula a földre,
és az ő orczáját az ő két térde közé tevé;
És monda az ő szolgájának: Menj fel, és nézz a tenger felé.
És felment, és [arrafelé] nézett, és monda: Nincsen semmi.
És monda [Illés:] Menj vissza hétszer.
És lőn hetedúttal, monda [a szolga:] Ímé egy kis felhőcske,
mint egy embernek a tenyere, jő fel a tengerből.
Akkor monda: Menj fel, mondd meg Akhábnak:
Fogj be és menj le, hogy meg ne késleljen az eső.
És lőn azonközben, hogy besötétedett az ég a fellegektől
és a széltől, és nagy eső lett.
Akháb pedig szekérre ült és elment Jezréelbe.

1 Királyok 18:41-45

2. Illés tűz által kapta meg Isten válaszát

Mivel Illés hite nagyszerű volt, és engedelmes volt eléggé ahhoz, hogy méltó legyen Isten elismerésére, a próféta bátran tudott prófétálni a közelgő szárazságról Izraelben.

Ezt mondhatta Aháb királynak: *"Él az Úr, az Izráel Istene, a ki előtt állok, hogy ez esztendőkben sem harmat, sem eső nem lészen; hanem csak az én beszédem szerint"* (1 Királyok 17:1).

Mivel Isten már tudta, hogy Ahab veszélyeztetni fogja Illés életét, aki megjövendölte a szárazságot, Isten elvezette a prófétát a Cherith patakhoz, azt mondta neki, hogy maradjon ott egy darabig, és elrendelte, hogy a hollók vigyenek neki kenyeret és húst reggel és az esti órákban. Amikor a Cherith patak kiszáradt az eső hiánya miatt, Isten elvezette Illést Sareptába és hagyta, hogy egy özvegyasszony adjon neki ételt.

Amikor az özvegy fia beteg lett, és egyre rosszabbul és rosszabbul volt, míg végül meghalt, Illés felkiáltott Istenhez imában: *"Én Uram, Istenem, térítsd vissza e gyermek lelkét ő belé!"* (1 Királyok 17:21).

Isten meghallgatta Illés imáját, visszahozta a fiút az életbe, és megengedte neki, hogy éljen. Ezzel az esettel Isten bebizonyította, hogy Illés Isten embere, és az Isten beszéde az ő szájában az igazság (1 Királyok 17:24).

A mi generációnkban az emberek olyan időszakban élnek, amikor soha nem hisznek Istenben, csak úgy, ha csodás jeleket és csodákat látnak (János 4:48). Annak érdekében, hogy bizonyságot tegyünk az élő Istennek, ma mindannyiunknak fel kell fegyverkeznünk azzal a fajta hittel, amellyel Illés rendelkezett, és át kell vennünk bátran az evangélium terjesztését.

A prófécia harmadik évében, amikor Illés ezt mondta Ahábnak: „Ez esztendőkben sem harmat, sem eső nem lészen; hanem csak az én beszédem szerint," Isten ezt mondta a Prófétájának: *„Menj el, mutasd meg magadat Akhábnak, és esőt adok a föld színére"* (1 Királyok 18:1). Lukács 4:25-ben ezt találjuk: *„Az Illés idejében, amikor az ég be volt zárva a három év és hat hónap, amikor egy nagy éhínség támadt az egész föld."* Más szavakkal, nem volt eső Izraelben három és fél évig. Mielőtt Illés Akháb elé ment másodszor, a király hiába kereste a prófétát még a szomszédos országokban is, azt gondolva, hogy Illés volt az oka a három és fél éves szárazságnak.

Annak ellenére, hogy Illést halálra ítélték volna, amint Akháb elé ment, ő bátran engedelmeskedett Isten szavának. Amikor Illés Akháb előtt állt, a király megkérdezte tőle, *„Te vagy-é az Izráel megháborítója?"* (1 Királyok 18:17) Erre Illés ezt mondta: *„Nem én háborítottam meg az Izráelt, hanem te és a te atyád háza, azzal, hogy elhagytátok az Úrnak parancsolatait, és a Baál után jártatok"* (1 Királyok 18:18). Közvetített a királynak Isten akaratát, és soha nem félt. Illés egy lépéssel tovább ment, és ezt mondta Akhábnak: *„Most azért küldj el, gyűjtsd hozzám az egész Izráelt a Kármel hegyre, és a Baál négyszázötven prófétáját, és az Aserának négyszáz prófétáját, a kik a Jézabel asztaláról élnek"* (1 Királyok 18:19).

Mivel Illés jól tudta, hogy aszály fog felbukkanni Izraelben az emberek bálványimádata miatt, igyekezett megküzdeni a bálványok 850 prófétájával, és megerősítette: *„Aki a tűz által felel – ő az Isten"* (1 Királyok 18:24). Mivel Illés hitt Istenben, a próféta megmutatta neki a hitel, amellyel elhitte, hogy Isten válaszol majd a tűzzel.

Aztán ezt mondta Baál prófétáinak: *„Válaszszátok el magatoknak az egyik tulkot, és készítsétek el ti először; mert ti többen [vagytok,] és hívjátok segítségül a ti istenteknek nevét, de tüzet ne tegyetek alája"* (1 Királyok 18:25). Amikor Baál prófétái nem kaptak semmiféle választ reggeltől estig sem, Illés kigúnyolta őket.

Illés hitt abban, hogy Isten válaszolni fog neki a tűzzel, örömmel elrendelte az izraelitáknak, hogy építsenek oltárt, és a felajánlott dolgokra és a fára öntsenek vizet, és imádkozott Istenhez.

> *Hallgass meg engem, Uram, hallgass meg engem, hogy tudja meg e nép, hogy te, az Úr vagy az Isten, és te fordítod vissza az ő szívöket!* (1 Királyok 18:37)

Ekkor tűz hullott az Úrtól, és megemészté az égőáldozatot, a fát, a köveket és a port, és felnyalta a vizet, ami az árokban volt. Amikor az egész nép látta ezt, hogy az arcukra estek, és ezt mondták *„Az Úr az Isten! az Úr az Isten"* (1 Királyok 18:38-39).

Mindez az tette lehetővé, hogy Illés nem kételkedett, még egy kicsit sem, amikor kérte Istent (Jakab 1:6), és úgy gondolta, hogy már megkapta azt, amit kért imádságban (Márk 11:24).

Miért utasította azt Illés, hogy vizet kell önteni a felkínáltakra, majd imádkozni kell utána? Mivel a szárazság három és fél évig tartott, a legritkább és a legértékesebb dolog a szárazság idején a víz volt. Azzal, hogy négy nagy korsó vizet és öntöttek az áldozatra háromszor (1 Királyok 18:33-34), Illés megmutatta a hitét Istennek, ezzel a legértékesebb dolgot adta Istennek. Isten, aki a jókedvű adakozót szereti (2 Korinthusiak 9:7) nemcsak megengedte Illésnek, hogy learassa, amit vetett, hanem mint prófétának választ adott a tűzzel, és ezzel bebizonyította minden izraelita számára, hogy az Istenük valóban él.

3. Illés erős esőt hoz le

Miután bemutatta a zsidóknak, hogy él az Istenük a tűzválasz által – ezzel elérve, hogy az izraeliták bűnbánatot tartsanak – Illés emlékezett az eskűre, amit Aháb királynak tett: *„Él az Úr, az Izráel Istene, a ki előtt állok, hogy ez esztendőkben sem harmat, sem eső nem lészen; hanem csak az én beszédem szerint"* (1 Királyok 17:1). Ezt mondta a királynak: *„Eredj fel, egyél és igyál, mert nagy esőnek zúgása [hallszik.]"* (1 Királyok 18:42), és felment a Kármel hegy tetejére. Azért tette, hogy Isten szavát beteljesítse, miszerint: *„Esőt küldök a föld felszínére,"* (1 Királyok 18:1) és megkapja az Ő válaszát.

Amint a Kármel tetejére ért, Illés leguggolt a földre, és az arcát a térdei közé tette. Miért imádkozott Illés ilyen módon? Nagy kínok között imádkozott.

Ezzel a képpel megbizonyosodhatunk, milyen komolyan kiáltott Illés Istenhez, teljes szívéből. Sőt, amíg nem látta Isten válaszát a saját szemével, Illés nem hagyta abba az imádkozást. A próféta utasította a szolgáját, hogy tartsa a szemét a tengeren, amíg meg nem lát egy felhőt, amely kisebb, mint egy ember tenyere, eközben ő maga hétszer imádkozott. Ez több volt, mint ami elég ahhoz, hogy Istent meghassa, és az Ő mennyei trónját megrázza. Mivel Illés esőt hozott három és fél évvel az aszály beállta után, feltételezhető, hogy az ima rendkívül erős volt.

Amikor Illés megkapta Isten válaszát a tűzzel, elismerte a szájával, hogy Isten neki dolgozik, még ha Isten nem is beszélt róla, és ugyanezt tette, amikor lehozta az esőt. Amikor meglátta a felhőt, amely kisebb volt, mint egy ember tenyere, a próféta mondott egy szót Ahábnak: *„Fogj be és menj le, hogy meg ne késleljen az eső"* (1 Királyok 18:44). Mivel Illésnek megvolt a hite, amellyel hinni tudott akkor is, ha nem látott még (Zsidók 11:1), elhitte, hogy Isten működhet a hitének megfelelően, sőt Illés hite miatt az ég fekete lett, felhős, és szél kerekedett, majd egy nagy zuhatag keletkezett esőből (1 Királyok 18:45).

El kell hinnünk, hogy Isten, aki válaszolt Illésnek a tűzzel és a régóta várt esővel a szárazság után három és fél évvel, ugyanaz az Isten, aki elűzi a megpróbáltatásokat és szenvedéseket, megadja nekünk a szívünk vágyait, és megadja nekünk az Ő csodálatos áldásait.

Mostanra biztos vagyok benne, hogy rájöttél, hogy ahhoz, hogy megkaphasd Isten válaszát a tűzzel, dicsőséget adj Neki, és teljesítsd a szíved vágyait, először azt a fajta hitet kell megmutatnod Neki, amellyel meg lesz elégedve, meg kell semmisítened minden bűnfalat, ami Isten és közötted áll, és kérned kell Tőle bármit, kételkedés nélkül.

Másodszor, örömmel meg kell építened Isten számára az oltárt, áldoznod kell Nekik, és imádkoznod kell, komolyan. Harmadszor, amíg nem kapod meg az Ő válaszát, el kell ismerned a szájaddal, hogy Isten munkálkodni fog a számodra. Isten ez után nagyon elégedett lesz, és válaszolni fog az imádra, hogy dicsőséget adj Neki, a szíved megelégedésére.

Az Isten válaszol nekünk, amikor imádkozunk Hozzá a problémáinkkal, amelyek a lelkünket, a gyermekeinket, az egészségünket, munkánkat, vagy bármilyen más ügyünket érinti, és megkapja a dicsőséget tőlünk. Rendelkezzünk mi is teljes hittel, mint Illés, imádkozzunk addig, amíg megkapjuk Isten válaszait, és legyünk az Ő áldott gyerekei, mindig dicsőséget adva az Atyánknak!

Hetedik fejezet

A szíved vágyainak beteljesítése

Gyönyörködjél az Úrban,
és megadja néked szíved kéréseit.

Zsoltárok 37:4

Ma is, sokan igyekeznek választ kapni a különböző problémáikra a Mindenható Istentől. Buzgón imádkoznak, böjtölnek egész éjszakákat átimádkozva, hogy meggyógyuljanak, újjáépítsék a nem működő vállalkozásokat, gyermekeket szüljenek, és anyagi áldást kapjanak. Sajnos azok az emberek vannak többségben, akik nem kapnak választ Istentől – és ily módon nem tudják dicsőíteni Őt – mint azok, akik képesek.

Ha nem hallanak Istentől egy vagy két hónap múlva, ezek az emberek elfáradnak, és ezt mondják: „Isten nem létezik," elfordulnak Tőle teljesen, és elkezdik imádni a bálványokat, ami rombolja az Ő nevét. Ha egy személy jár ugyan templomba, de nem kap Istentől erőt, és ily módon nem adhat dicsőséget Neki, hogyan lehet ezt „igaz hitnek" nevezni?

Ha valaki megvallja, hogy valóban hisz Istenben, akkor az Ő gyermekeként, képesnek kell lennie arra, hogy megkapja a szíve vágyait, és teljesítse, amit csak el kíván érni az életében ezen a világon. De sokan nem teljesítik a szívük vágyait, még ha hirdetik is, hogy hisznek. Ez azért van, mert nem ismerik magukat. A bibliai részlettel, amely ennek a fejezetnek az alapját képezi, hadd fedezzük fel, hogy milyen módon tudjuk elérni a szívünk vágyát.

1. Először: meg kell vizsgálnod a saját szíved

Minden egyes embernek vissza kell néznie, és felmérnie, hogy valóban hisz-e a Mindenható Istenben, vagy csak úgy félszívvel, miközben kételkedik, vagy csak ravasz szívvel arra törekszik, hogy valamilyen szerencse érje. Mielőtt megismeri a Jézus Krisztust, a legtöbb ember úgy tölti le életét, hogy bálványokat imád, vagy csak magában bízik. Komoly megpróbáltatás vagy szenvedés idején azonban, miután rájön, hogy a katasztrófákat nem lehet megoldani az ember vagy a bálványok hatalmával, tűnődik a világ felett, és meghallja, hogy egyedül Isten képes megoldani a problémákat, és a végén Isten elé megy.

Ahelyett, hogy a szemüket az Isten erejére rögzítenék, az emberek ezen a világon csupán kétségek között gondolkodnak, ily módon: „Nem válaszolna vajon nekem, ha könyörögnék Neki?" Vagy: „Nos, talán az imádság meg tudná oldani a válságot." Mégis, a Mindenható Isten irányítja az emberiség történetét, valamint az emberi életet, a halált, átkot és áldást, életre kelti a halottakat, és megnézi az ember szívét, így elmondható, hogy Ő nem válaszol a kételkedő szívvel rendelkezőknek (Jakab 1:6-8).

Ha valaki igazán igyekszik teljesíteni a szíve vágyait, először el kell dobnia a kételkedését és a szerencse-kereső szívét, és el kell hinnie, hogy ő már megkapta mindazt, amit kér a mindenható Istentől. Csak akkor fogja a hatalom Istene ráárasztani az Ő szeretetét, és teszi lehetővé számára, hogy teljesítse a szíve vágyait.

2. Másodszor: meg kell vizsgálnunk az üdvösségünk biztosságát, és a hitünk állapotát

Jelenünkben a templomban sok hívő van, akinek gondja van a hitében. Nagyon szívszorító, hogy meglepően sok ember van, akik lelkileg kószálnak erre-arra, akik nem látják a lelki gőgjük miatt, hogy a hitük rossz irányt vett, és megint mások, akikben nincs meg a megváltás bizonyossága, még sok évvel az után sem, hogy elkezdték a Krisztusban való életüket, és Őt szolgálták.

A Rómaiak 10:10 ezt mondja nekünk: *„Mert szívvel hiszünk az igazságra, szájjal teszünk pedig vallást az idvességre."* Amikor kinyitod a szíved kapuját, és elfogadod a Jézus krisztust, mint Megmentődet, a Szentlélek kegyelméből – amelyet ingyen kapunk fentről – megkapjuk a tekintélyt, mint Isten gyermekei. Továbbá, amikor megvalljuk, hogy Jézus Krisztus a mi Megmentőnk, és szívből elhisszük, hogy Isten feltámasztotta Jézus a holtaiból, ekkor leszünk biztosak az üdvösségünkben.

Ha nem tudod biztosan, hogy megkaptad az üdvösséget vagy nem, gond van a hited állapotával. Ennek az az oka, ha nincs meg benned az a bizonyosság, hogy Isten az Atyád, te meg elérted a mennyei állampolgárságot, és az Ő gyermeke leszel, nem tudsz az Atya akaratának megfelelően élni.

Ezért Jézus ezt mondja nekünk: *„Nem minden, a ki ezt mondja nékem: Uram! Uram! megyen be a mennyek országába; hanem a ki cselekszi az én mennyei Atyám akaratát"* (Máté 7:21). Ha az „Isten-Atya-fiú (vagy lány)" kapcsolat még nem valósult meg egy embernnek, természetes, hogy nem kapja meg az Ő válaszait. Azonban, ha létrejött ugyan a kapcsolat, de Isten előtt valami gond van az ember szívével, ekkor sem kaphatja meg Isten válaszait.

Ezért, ha Isten gyermeke leszel, aki a biztosíték az üdvösségre, és megbánod, hogy nem éltél az Isten akarata szerint, Ő megoldja valamennyi problémádat, beleértve a betegséget, az üzleti és a pénzügyi bajaidat, és mindenben a javadért dolgozik majd.

Ha megkeresed Istent a gyermeked problémája miatt, Isten segít kitalálni az ige segítségével, hogyan oldhatod meg problémákat és ügyeket, amelyek közted és a gyermek között fennállnak. Időnként a gyerekek a hibásak ezekért, de gyakrabban a szülők, akik felelősek a gyerekeik nehézségeiért. Mielőtt mutogatásba kezdenénk, ha a szülők maguk is első körben letérnek a saját téves útjukról, és megbánják a bűneiket, valamint arra törekszenek, hogy a gyerekeket rendesen felneveljék, és mindent Isten kezébe helyeznek, Isten bölcsességet ad nekik, és a szülők és gyermekeik javára dolgozik.

Ezért, ha a templomba jössz, és igyekszel választ kapni a gyerekek bajaira, a betegségek, pénzügyi gondok és hasonlók kérdéseire, ahelyett, hogy sietve böjtbe kezdesz, vagy egész éjjel imádkozol, először ki kell találnod az igazság segítségével, hogy mi az oka annak, hogy eldugult a csatorna közted és Isten között, térj meg, és változz meg. Isten a javadra fog majd dolgozni, ahogy megkapod az útmutatást a Szentlélektől. Ha nem is próbálod megérteni, meghallani az Isten szavát, vagy aszerint élni, az imád nem fogja meghozni az Ő válaszát.

Mivel sok olyan eset van, ahol az emberek nem teljesen értik meg az igazságot, és nem kapják meg Isten válaszát és áldásait, ezért mindannyiunknak meg kell valósítanunk a szívünk vágyát azzal, hogy biztosak leszünk az üdvösségben, és az Isten akarata szerint élünk (Mózes 28:1-14).

3. Harmadszor: a cselekedeteiddel Isten kedvére kell tennünk

Ha valaki elismeri a Teremtő Istent, és elfogadja Jézus Krisztust mint a Megváltóját, amennyire megtudja az igazságot, és megvilágosodott lesz, a lelke virágozni fog. Ezen kívül, amint továbbra is felfedezi Isten szívét, az életét tudja élni oly módon, ami neki tetszik. Míg a két-három éves kisgyermekek nem tudják, hogyan tehetnek a szüleik kedvére, a serdülő-és felnőttkorban a gyerekek megtanulják, hogyan okozzanak örömöt nekik. Ugyanígy, minél jobban megértik Isten gyermekei az igazságot, és élnek ennek megfelelően, annál jobban boldogítják az Atyjukat.

Újra és újra, a Biblia elmeséli nekünk, hogy az ősatyák a hitben milyen módon kaptak választ úgy, hogy Isten kedvére tettek.

Ábrahám mindig békében élt, szentségben (Mózes 13:9), Istent a testével, szívével és az elméjével szolgálta (Genezis 18:1-10), és teljesen engedelmeskedett Neki, a saját gondolatai bevonása nélkül (Zsidók 11:19, Mózes 22:12), mert hitte, hogy Isten halottakat támaszt fel. Ennek eredményeként, Ábrahám megkapta a Jehovahjireh áldást: „Az Úr adni fog," mert gyermekáldást, a pénzügyek áldását, a jó egészség áldását és hasonlókat élvezett, minden módon (Teremtés könyve 22:16-18, 24:1).

Mit tett Noé, hogy elnyerje Isten áldását? Igazságos és feddhetetlen volt a generációjában, és Istennel járt (Genezis 22:16-18, 24:1). Amikor a víz ítélete az egész világot elárasztotta, csak

Noé és a családja tudta elkerülni az ítéletet, és fogadni a megváltást. Mivel Noé Istennel járt, hallotta a Hangját, és előkészítette a bárkát, magát és a családját megmentette az üdvösség számára.

Amikor a zarefáti özvegy az 1 Királyok 17:8-16-ben elültette a hitmagot az Isten szolgájába, Illésbe a három és fél éves szárazság ideje alatt Izraelben, rendkívüli áldást kapott. Ahogy engedelmeskedett a hitben, és szolgálta Illést kenyérrel, amely csupán egy maroknyi lisztből készült, és egy kis olajból, Isten megáldotta őt, és teljesítette a prófétai Szavát, mondván, hogy: *„Mert azt mondja az Úr, Izráel Istene, hogy sem a vékabeli liszt el nem fogy, sem a korsóbeli olaj meg nem kevesül addig, míg az Úr esőt ád a földnek színére"* (14. vers).

Mivel a nő Shunemben, a 2 Királyok 4:8-17-ben Isten szolgáját, Illést a lehető legnagyobb gondossággal és tisztelettel kezelte, megkapta az áldást, hogy a fiát megszülhesse. A nő nem azért szolgálta Istent, mert akart valamit cserébe, hanem azért, mert komolyan szerette Isten, a szívéből. Ugye ésszerű, hogy ez a nő megkapta Isten áldását?

Azt is könnyű megmondani, hogy Isten el volt ragadtatva Dániel és a három barátja hitével. Annak ellenére, hogy Dánielt bedobták az oroszlánok barlangjába, amiért Istenhez imádkozott, bántalom nélkül kisétált a barlangból, mert bízott Istenben (Dániel 6:16-23). Annak ellenére, hogy Dániel három jó barátját bedobták a kemencébe, amiért nem imádták a bálványt, dicsőséget adtak Istennek, miután kisétáltak a kemencéből anélkül, hogy a testük megégett vagy megperzselődött volna (Dániel 3:19-26).

A százados a Máté 8-ban kedvére tudott lenni Isten a nagy hitével, és a hite miatt megkapta Isten válaszát. Amikor elmondta Jézusnak, hogy a szolgája lebénult, és szörnyű szenvedésben élt, Jézus felajánlotta, hogy meglátogatja a százados házát, és meggyógyítja a szolgáját. Azonban, amikor a százados azt mondta Jézusnak: *„Csak szólj egy szót, és a szolgám meggyógyul"*, és megmutatta a nagy hitét, és a szeretetét a szolgája iránt (8. vers), Jézus dicséretet mondott neki: *„mondom néktek, még az Izráelben sem találtam ilyen nagy hitet"* (10. vers). Mivel Isten válaszai a hite alapján kapja meg mindenki, a százados szolgája abban a pillanatban meggyógyult. Halleluja!

A Márk 5:25-34 látjuk egy nő hitét, aki vérzéstől szenvedett 12 éve. Annak ellenére, hogy sok orvosnál járt, és sok pénzt elköltött, az állapota folyamatosan egyre rosszabb volt. Amikor meghallotta Jézus hírét, a nő azt hitte, meg fog gyógyulni, ha megérintheti az Ő ruháját. Amikor mögé lépett, és megérintette Jézus köpenyét, az asszony meggyógyult abban a pillanatban.

Milyen volt a szíve a Kornélius nevű századosnak az Apostolok Cselekedetei 10:1-8-ban, és hogyan szolgálta ő, egy pogány, Istent, hogy végül minden családtagja üdvösséget nyert? Azt látjuk, hogy Kornelius és minden családtagja jámbor és istenfélő volt, és bőkezűen adakozott a rászorulóknak, és imádkozott Istenhez rendszeresen. Ezért Kornelius imái és a szegényeknek adott ajándékai Isten előtt megemlékező felajánlásnak tűntek, és amikor Péter meglátogatta a házában, hogy együtt imádják Istent, Kornelius házában mindenkit megszállt a Szentlélek, és elkezdett nyelveken szólni.

Az Apostolok Cselekedetei 9:36-42-ben találunk egy Tabitha nő nevű nőt (amely, ha lefordítjuk, Dorcas-t jelent), aki mindig jót cselekedett, és segítette a szegényeket, de megbetegedett és meghalt. Amikor Péter jött a tanítványok sürgetésére, leereszkedett a térdére és imádkozott, Tabitha visszajött az életbe.

Amikor az Ő gyerekei elvégzik feladataikat, és az Apjuk kedvére tesznek, az élő Isten teljesíti a szívük vágyait, és mindenben a javukra dolgozik. Ha valóban el tudjuk hinni ezt a tényt, egész életünkben mindig megkapjuk Isten válaszait.

Időről időre folytatott konzultációim vagy párbeszédeim során hallok olyan emberekről, akik egykor nagy hittel bírtak, szolgálták az egyházat, és hűségesek voltak, de elhagyták Istent a szenvedés és megpróbáltatás után. Minden egyes alkalommal nagyon megvisel, amikor azt látom, hogy az emberek képtelenek spirituális értelemben különbséget tenni a dolgok között.

Ha az embereknek van igaz hitük, akkor nem hagyják el Istent akkor sem, ha próba jön az úton a számukra. Ha van lelki hitük, akkor örömtelik és hálásak lesznek, és még a megpróbáltatások és szenvedés idején is imádkozni fognak. Nem árulják el Istent, nem esnek kísértésbe, és nem veszítik el a biztos alapjukat Benne. Néha az emberek azért hűek, mert reménykednek, hogy áldás száll rájuk, vagy mások elismerik őket. De a hit imája és a véletlenségben való reménykedés imája könnyen megkülönböztethető az eredményeiket látva. Ha valaki lelki hittel imádkozik, az imáját minden bizonnyal kísérik majd tettek, amelyek Istennek tetszenek, és nagy dicsőséget mutat Neki azáltal, hogy a saját vágyai egytől egyig teljesülnek.

A Bibliával mint útmutatóval, megvizsgáltuk, hogy a hit ősatyái hogyan mutatták meg a hitüket Istennek és azt, hogy milyen szívvel tudtak az Ő kedvére lenni, és teljesíteni a szívük kívánságait. Isten megáldja, mint ígérte, mindazokat, akik kedvére tesznek, ahogy Tabitha, akit visszahozott Jézus az életbe, ahogy a gyermektelen nő, Shunem, aki tetszett Neki, és a Kedvére tett, vagy ahogy az a nő, aki megszabadult 12 éves vérzésétől, mert kedvében járt – higgyük el mindezt, és szegezzük a tekintetünket Rá.

Isten ezt mondja nekünk: „*Ha hiheted azt, minden lehetséges a hívőnek*" (Márk 9:23). Ha elhisszük, hogy Isten véget tud vetni bármelyik problémának, és teljes egészében elkötelezzük magunkat Neki az összes gondunk a hitben, a betegségek, a gyermekeink gondjai, valamint a pénzügyeinkben Rá támaszkodunk, Ő biztosan gondoskodik majd mindenről a számunkra (Zsoltárok könyve 37:5).

Ha a kedvére teszünk Istennek, aki nem hazudik, de végrehajtja azt, amit beszélt, arra kérlek: teljesítsétek a szívetek kívánságát, mondjatok nagy dicsőséget Istennek, és éljetek egy boldog életet, a Jézus Krisztus nevében imádkozom ezért!

A szerző:
Dr. Jaerock Lee tisztelendő

Dr. Jaerock Lee Muanban, Jeonnam Tartományban, a Koreai Köztársaságban született, 1943-ban. A húszas éveiben hét évig gyógyíthatatlan betegségekben szenvedett, és a gyógyulás reménye nélkül várta a halált. Egy napon 1974-ban azonban a nővére elvitte egy templomba, és amikor letérdelt, hogy imádkozzon, az Élő Isten az összes betegségéből kigyógyította.

Attól a pillanattól fogva, hogy e csodás tapasztalat révén Dr. Lee találkozott az Élő Istennel, teljes szívéből és őszintén szereti Istent, és 1978-ban elhivatott az Ő szolgájaként. Buzgón imádkozott, hogy megérthesse Isten akaratát, és teljesen beteljesítse azt, és Isten igéjét teljesen betartotta. 1982-ben megalapította a Manmin Központi Egyházat Szöulban, Koreában, és azóta számtalan isteni munka történt ebben a templomban, beleértve a nagyszerű gyógyulásokat és a csodákat.

1986-ban lelkésszé szentelték a Jézus Sungkyul Koreai Egyházának éves összejövetelén, és négy évvel később, 1990-ben az istentiszteleteit elkezdték közvetíteni Ausztráliában, Oroszországban, a Fülöp-szigeteken, és számos más országban, a Far East Broadcasting Company, az Asia Broadcast Station, valamint a Washington Christian Radio System közreműködésével.

Három évvel később, 1993-ban a Manmin Központi Templomot beválasztották „A világ legjobb 50 temploma" közé, a *Christian World Magazin* (Keresztény Világmagazin) által (USA), és tiszteletbeli doktori címet kapott a Christian Faith College, Florida, USA, intézménytől, és 1996-ban doktori címet is – a lelkészi tudományokban – az iowai Kingsway Theological Seminary-től, az Egyesült Államokból.

1993 óta Dr. Lee a világmisszió terén vezető szerepet vállal, külföldön az Egyesült Államokban, Tanzániában, Argentínában, Ugandában, Japánban, Pakisztánban, Kenyában, a Fülöp-szigeteken, Hondurasban, Indiában, Oroszországban, Németországban és Peruban, és 2002-ben „világszintű lelkésznek" nevezték a vezető koreai keresztény újságok, a külföldi Nagy Egyesült Missziókban kifejtett tevékenységéért.

2018 szeptember a Manmin Központi Templom több mint 130. 000 tagot számlált, 11. 000 hazai és külföldi leányegyháza volt szerte a világon, és eddig több mint 98 misszionáriust küldött 26 országba, beleértve az Egyesült Államokat, Oroszországot, Németországot, Kanadát, Japánt, Kínát, Franciaországot, Indiát, Kenyát, és sok más országot.

A mai napig Dr. Lee 112 könyvet írt, közöttük a rekord példányszámban eladott *Az Örök Élet Megkóstolása a Halál Előtt, Életem Hitem I és II, A Kereszt Üzenete, A Hit Mértéke, A Mennyország I és II, A Pokol, Isten Hatalma*, és a munkáit több mint 76 nyelvre lefordították.

A keresztény rovatai megjelennek a *The Hankook Ilbo, The JoongAng Daily, The Dong-A Ilbo, The Chosun Ilbo, The Seoul Shinmun, The Kyunghyang Shinmun, Koreai Napi Gazdaság (The Korea Economic Daily), The Shisa News*, és a *Keresztény Sajtó (The Christian Press)* hasábjain.

Dr. Lee jelenleg több tisztséget tölt be: a Koreai Egyesült Szentség Egyház elnöke; a Global Christian Network (GCN) alapítója és igazgatótanácsának elnöke; a The World Christian Doctors Network (WCDN) alapítója és igazgatótanácsának elnöke; és a Manmin Nemzetközi Lelkészképző (MIS) alapítója és igazgatótanácsának elnöke.

Más, hasonlóan hatásos könyvek a szerzőtől:

Mennyország I & II

Egy részletes vázlat a mennyei állampolgárok dicsőséges körülményeiről, amelyet Isten dicsőségében élveznek.

A Kereszt Üzenete

Egy erőteljes ébresztő üzenet mindazoknak, akik spirituálisan alszanak. Ebben a könyvben megtalálod Isten igaz szeretetét, valamint megtudod: miért Jézus az egyedüli Megmentő?

Pokol

Egy őszinte üzenet az emberiségnek Istentől, aki azt kívánja, hogy egyetlen lélek se hulljon a pokol mélységeibe! Felfedezheted Hadész soha fel nem tárt képét, valamint a pokol kegyetlen valóságát.

Szellem, Lélek és Test I & II

Egy kézikönyv, mely segíti spirituális megértést a lélekkel, szellemmel, testtel kapcsolatban, és segít megtalálni, hogy milyen „énünk" van, hogy erőt nyerjünk, mellyel a sötétséget legyőzhessük, és a szellem emberévé váljunk.

A Hit Mértéke

Milyen mennyei helyet, és milyen koronákat és jutalmakat készítenek elő a számodra a mennyekben? Ez a könyv ellát bölcsességgel és útmutatással téged, hogy megmérhesd a hited, valamint a legjobb és a legérettebb hitet gyakorolhasd. Felvilágosít téged arról, hogy mit jelent az igazi hit, és elmagyarázza világosan és érthetően a hit növekedését, valamint a mennyei helyet és koronát, hogy megmérhesd a hitedet pontosan, és a tökéletes szintre emelhesd.

Ébredj Izrael!

Miért tartotta Isten a szemét a világ végétől máig Izraelen? Milyen gondviselést tartogat Izrael számára – akik ma is a Messiást várják – az utolsó napokra?

Életem, Hitem I & II

Dr. Jaerock Lee önéletrajza a legkellemesebb spirituális aromát nyújtja az olvasó számára, az élete az Isten iránti szeretet által kezdett virágozni, miután sötét hullámok, hideg járom jutott számára, valamint a legmélyebb elkeseredés.

Isten Hatalma

Egy kihagyhatatlan olvasmány, egy alapvető útmutató az igaz hit eléréséhez, és Isten csodáinak megtapasztalásához.

www.urimbooks.com

www.ingramcontent.com/pod-product-compliance
Lightning Source LLC
LaVergne TN
LVHW092055060526
838201LV00047B/1405